流光情寄鹧鸪天

——试将古韵今声一笔吟

罗辉 著

文化艺术出版社
Culture and Art Publishing House

序

杨叔子

且听翻新杨柳枝

——（唐）刘禹锡

庚寅中秋之日，提笔为罗辉同志的新著《流光情寄鹧鸪天——试将古韵今声一笔吟》写"序"，别有心声，别有韵味。中秋，我国的传统节日，"千里共婵娟"，古韵极浓；2010年的中国，世界关注焦点，正在迅速崛起，现代化之声极强；今天中国的中秋，国家法定节日，今逢佳节倍加亲，奏着世界最古老文明的伟大复兴之声。我感悟到罗辉同志的这个心声也汇入了这个复兴之声之中。

2009年7月，我在病中，罗辉同志送来他的大作《四维吟稿》诗词集，读后感触颇深，成诗一首相赠：

《四维吟稿》四维歌，读罢胸掀万丈波。

词客诗人山水恋，仁人国是梦魂多。

铿然烈志坚如玉，皎矣童心洁胜荷。

我喜师生谊久厚，感君高义耀星河。

我之所感，其人如其诗，其诗如其人，梦魂国是，山水诗情，志如坚玉，心胜洁荷。凡是知悉罗辉同志人生经历的人，我想多少会有些同感。罗辉同志将与他人生经历不可分割的学习生涯概括为："大学学工，研究生学理，半路出家自学财经与管理；少时学艺，老来学文，一路唐风宋月学耕耘。"他在宋月清光下辛勤耕耘，至少40年以上了。他的新著中第一首《鹧鸪天·木匠生涯》是少时学手艺、做木匠时作的，"自信东家有眼光"，情关自己个人，写于1970年3月。而近期的《鹧鸪天·三伏即事》，则是老时当领导、进一步学文时作的。"应念苍生烈日中"，心系劳动人民。他的《四维吟稿》第一首诗《七绝·故乡铁桥》写于1969年8月。可见40年以上的唐风宋月不能不使他受到中华文化、中华诗词深深地洗礼，何况加上人生经历的磨练、个人顽强的拼搏，从而境界的升华、感情的陶冶、思维的活跃、想象的丰富，也就不言而喻了。这本新著的出版也可以说是水到渠成的事了。

他为什么要出版这本新著，要古韵今声一笔吟，而且只选了《鹧鸪天》这个词牌作为载体呢？他在"代前言"中讲的十分清楚了。"古韵今声一笔吟"，既是需要，又非易事。

我国对于翻译作品，有个很好的要求，叫做"信、达、雅"。对于一种文学作品，即使译文真正做到了上述"三字"的要求，也是一种再创造。原文毕竟是原文，译文毕竟是译文，"信"到不了百分之百，"达"也到不了百分之百。一种文学作品，是用其本国、本民族相应时代的文学语言写成的，而相应时代的文学语言不可译，古不可能译成今，今也不能译成古，何况对于诗，这种既是文学又是艺术的作品，是用最精炼、最美妙、最富感情、最富内涵而又最富哲理的相应时代文学语言写成的，怎么可译？至于外译成中，中译成外，还有一个语言载体的问题即文字问题，那就更不可译了！我校瑜珈诗社常务副社长詹骁勇博士告诉我，美国大诗人罗伯特·佛罗斯特（Robert Frost）说得更干脆："诗者，译之所失也。(Poetry is what gets lost in translation.)"仔细想想，不无道理。他又举了著名诗人翻译家绿原将唐代王翰《凉州词》这首名诗译成的现代诗：

酒，酒，葡萄酒！
杯，杯，夜光杯！
杯满酒香让人饮个醉！
饮呀，饮个醉……
管他马上琵琶狂拨把人催！
要催你尽催，想醉我且醉；
醉了，醉了，我且枕戈睡。
醉睡沙场，谁解个中味？
古来征夫战士几个活着回？

多么杰出的译文！我十分赞成詹博士的评论：在由人民文学出版社2000年重版的《唐诗名译》中，有许多名家的译作，绿原这首无疑是上乘之作。詹博士还告诉我，即便如此，绿原仍感叹说："严格的说，诗是不可译的，不论是古诗还是外国诗。退一步说，至少有一部分诗是不可译的；另一部分诗虽说可译，看来也不能逐字逐句直译。这是因为，每首诗所依附的语言本身，都有其独特的美感，是不可能由另外一种语言简单传递。"我想，诗所依附的语言，不仅有其独特的文学美感，而且还对其内涵有独特的包含方式。因此，不但古诗不可今译，而且今诗也不可古译。绿原所译的《凉州词》其实是一个杰出的再创造，原诗怎么能表达出译诗中那种极为奔放、十分豪迈、一泄无余的惊慨豁达之情之境呢？原诗中那大彻大悟的深沉而悲壮之情之境就更有待每位读者去反复品味了！

尽管诗不可译，然而好诗之译却不断。我赞成这一论点：古诗今译，外诗中译，最重要的目的是帮助读者去理解古诗、外诗，而不是去取代。我十分赞成李翰军所讲的古诗今译有三大好处：一是深化阅读理解的重要环节与有力手段；二是实现艺术体悟、审美鉴赏的有效途径；三是通向写作训练、文学创作的便捷途径（见《古诗今译在大学教学中的作用和运用初探》，《中国大学教学》2008年第3期）。

而罗辉同志的"古韵今声一笔吟"，与古诗今译不全同，自己动手翻译自己的词作，既无古今的隔膜，更能准确揭示原词的内涵，从而可使人读得更深刻、更活泼、更亲切。

我举一例吧，2000年5月写的《鹧鸪天·下乡感怀》：

"一野朝霞一野红，千堤杨柳舞东风。欲教田地无缁鼠，该让乡村有碧空。　行百里，问"三农"，名缰利锁害人虫。清心相许荆山月，面壁寻思慕劲松。"

"（词意）一野朝霞，一野彤红。走在江河湖泊的堤防上，杨柳碧绿，丝绦在东风中飘舞。真想将田间地头黑老鼠之类的害虫消灭干净，进而让美丽的乡镇村庄永远有碧蓝的天空。　走遍百里乡村，问及"三农"事宜，需要惩处那些被名利驱使的害群之马。将清心许给荆山的明月吧！感悟达摩面壁修行的故事，经常注意修身养性，则更加仰慕那苍劲挺拔的不老松。"

原词一经词意的译后，内涵就清楚多了：千堤指的是水利上用的各种堤防；访问了很多乡村，行走了数百里路程；荆山，注中已讲明位于湖北襄樊市境内；词的最后两句，译文就把话讲明白了。然而译后的韵味就难及原词了。还要讲明的是，了解罗辉同志经历的人知道，这时他正在襄樊市任市长，其任内襄樊市发生了相关重大事件，从此就可更加理解原词上下两阕后两句所蕴含的深刻内涵。这也就是此序开始所抄的感赠那首诗中间两联，特别是"皎矣童心洁胜荷"主要指的是什么了。当然他的译文也没有讲出来，或许正是他在"代前言"中所言，要读者去感悟的"弦外之音"吧。

举这一例，可见罗辉同志的自译译文就如他所直言的是表达词意的。但我个人认为，他所自译的是介于"作家型"

与"学者型"之间的，而且偏向于前者，前者重在达意，而后者在达意的基础上，重在译文形式之美。作者所作的这一可贵的尝试，我相信，会如作者所希望，加强作者与读者之间的交流。我、詹博士与许多熟悉的诗友，都十分赞许与支持他的这一尝试。他在"代前言"中讲："通过这种交流，可以激起更多潜在的中华诗词爱好者的兴趣，进而让中华诗词在交流中普及，在普及中提高，在提高中创新。这也是笔者提倡'古韵今声一笔吟'的一个良好愿望。"唐代诗人刘禹锡是坚定的改革派，他赞许与支持"且听翻新杨柳枝"。我衷心祝福这个推动交流、推动创新的良好愿望得以胜利实现！

  谨为之序。

2010年9月22日
庚寅中秋于喻园

[杨叔子教授系中国科学院院士、原华中理工大学（现为华中科技大学）校长、诗人、中华诗词学会名誉会长、湖北省诗词学会名誉会长]

试将古韵今声一笔吟

（代前言）

在学习诗词格律与创作格律诗词的过程中，我曾根据自己的初步体会写过一首七律《诗词创作感怀》。这本小册子《流光情寄鹧鸪天——试将古韵今声一笔吟》，其实就是对自己体会的一个初步尝试。这里，先将这首七律写在下面，然后，着重就为什么提出"古韵今声一笔吟"谈一些肤浅的看法，以与广大同仁商榷。而所谓"古韵今声一笔吟"，则是指在依照诗词格律吟咏"古韵"（即创作格律诗词）的同时，采用白话文的形式，将自己所吟咏"古韵"的意思（"诗意"或"词意"）写出来。

诗词创作感怀

闲情逸趣贵如金，白发江湖感悟深。
烟渚莲荷驱暑气，锦囊诗草润冰心。
唐风宋月千秋醉，古韵今声一笔吟。
何必苛求枫落句①，但题老叶寄知音。

---

① 枫落句：系化用陆游《秋兴》"才尽已无枫落句"诗句。

一、试将古韵今声一笔吟，可通过"古韵"与"今声"的比较，以展示中华诗词独具特色的表现形式

中国是一个诗的国度。以格律诗词为代表的中华诗词是中国文学桂冠上的一颗璀璨的明珠。它以其极为鲜明的民族特色、极为精炼的表达形式、极为丰富的情感语言，极为深邃的思想内涵、极为独特的艺术风格，映射出中华民族及其文化的灿烂光辉。千百年前，中华诗词就是孔子所授六艺的第一门课程。古时候，中国的读书人几乎没有不读诗、不懂诗、不写诗的。当时曾盛传"不学诗，无以言"的说法，有的朝代甚至还以诗取仕。只是近代以来，由于众多原因，使得本为中国文化瑰宝的中华诗词被"老龄化"了。也就是说，当代的格律诗词爱好者，主要是以老年人为主体的特殊群体。他们还坚守在这块古老的园地上，并默默地耕耘着。诗词成为他们抒写性情、陶冶情操、品味人生的一个重要平台。

值得庆幸的是，上世纪八十年代以来，弘扬优秀传统文化，振兴中华诗词的呼声不断高涨，一批有胆、有识、有韵之士，用他们的"口"和"笔"，为传承中华诗词而不懈努力。其中，有三个十分可喜的现象：一是以中华诗词学会和地方诗词学会为阵地，将一批诗词爱好者组织起来，还创办了公开出版或内部发行的诗刊；二是以中国科学院院士、原华中理工大学校长杨叔子教授为代表的一批高校领导与学者，大声疾呼"让中华诗词大步走进大学校园"，很多高校都相继组织学生中的诗词爱好者成立诗社，传授中华诗词知识，学习创作中华诗词；三是一大批与传承中华诗词有关的各类书籍（包括诗词鉴赏、诗词创作、诗词评论）相继出版发行。

然而，迄今为止，中华诗词被边缘化、"小众化"的现象并未根本改变。为了让中华诗词真正得到传承与发展，有一个深层次的问题，也就是如何提高现代人对中华诗词的认知度问题，则是不可回避的。这个问题如果解决得好，就会

达到事半功倍的效果。否则，只能是事倍功半。美国著名诗人惠特曼说过："看来好像很奇怪，每一个民族的最高凭证，就是它自己产生的诗歌。"这就是说，世界上每一个民族都会有自己的诗歌，只是由于时代的不同、文化的差异，不同时期诗歌的体裁也就不同。就拿当代诗坛来说，为什么"新体诗"较"旧体诗"（即格律诗词）有更多的作者与读者呢？恐怕与所谓的"认知度"问题不无关系。

对于现代人来说，由于自小接受的就是白话文教育，所以对格律诗词相对陌生是可以理解的。正因为如此，为了传承中华诗词，近些年来，很多解读与欣赏唐诗宋词的书籍相继问世，让许多读者又有机会领略到格律诗词的风采，激起他们学习诗词格律与创作格律诗词的兴趣。这一做法，对于学习与传承中华文化特别是中华诗词是很有成效的。但是，今人翻译古人的诗词，总免不了有"考古"的成份。一首经典诗词，不同的译者可能有不同的解读方式。当然，对于古人的诗词作品来说，也只有留给人们去作"考古"式的理解了。其根本原因在于今人不熟悉古人所习惯的思想感情表达方式。例如，辛弃疾《太常引》上片的后几句："把酒问嫦娥：被白发、欺人奈何！"究竟真正问的谁？怪的又是谁呢？只能是仁者见仁，智者见智了。

闻一多先生有个十分形象的比喻，将诗词格律比作"镣铐"，将诗词创作比作是带着"镣铐"跳舞。其实，以格律诗词为代表的中华诗词，它的美也离不开"镣铐"，难也离不开"镣铐"。为了提高当代读者对以格律诗词为代表的中华诗词的认知度，必须通过一种途径，让他们认识"镣铐"的作用。如何找到这个"途径"呢？阅读唐诗宋词的译文给我们以启示，也就是说如果将"古韵"（格律诗词）与"今声"（用白话文写出诗意或词意）一起写、一同读，不失为一种有效办法。对于当代人来说，学习与传承中华诗词，既可通过对照阅读古人的诗词与今人的译文这样的"两笔吟"，以充分了解与品味那些经典诗词的深刻内涵，又要注意认识格律诗词的表达方式，达到"熟读唐诗三百首，不会吟诗也会吟"的目的。这就是说，我们要在阅读格律诗词中学习与掌握诗词格律知识，进而创作格律诗词。当前，以老年人为主体的一批诗词爱好者，他们的创作经历大多也就是这样走过来的。但遗憾的是，现代诗词爱好者的作品也往往处于"封闭"状态，只是在诗词界小"圈内"进行"闭路循环"。为了打破这种封闭状态，让格律诗词能从"圈内"走向圈外，从"小众化"走向大众化，所以，笔者提倡当代诗人创作格律诗词不妨尝试"古韵今声一笔吟"，进而为当代不太熟悉格律诗词的读者，提供一个很熟悉的参照系。通过这种对照方式，今人既可以正确了解同时代作者的思想感情，也可以逐步认识格律诗词的表达方式，进而通过这两种表达方式的比较，最终认识到以格律诗词为代表的中华诗词所特有的魅力。

二、试将古韵今声一笔吟，有助于诗词作者提高用字、造句、谋篇的艺术性，更好地"言志"与"抒情"

创作格律诗词尽管有其特定的格律要求，但是，与其他文学作品一样，它必然是由字组成句，由句组成篇。在熟悉格律诗词创作的基本要求，诸如诗词的"平仄、押韵、粘对、对仗"，以及诗的"起、承、转、合"或词的"起、结、过"这些谋篇的结构性要求以后，最为基本的应是掌握格律诗词的修辞手法与语法特点，合适地用字、造句与谋篇。但是，由于格律诗词更多地受到句子长短、字的平仄、韵脚用字、对仗规则等方面的层层限制，所以，格律诗词创作在炼字、酌句、谋篇方面，往往要求更加精炼概括，并体现出跳跃性更强的特点。这种"跳跃性"还让格律诗词的修辞手法与语法特点,同当代人熟悉的白话文相比,呈现出很大的差别。对于今人创作格律诗词(特别是习作者),尽管其语言风格应注意与当代同步,但毕竟是经典格式,免不了穿着"唐宋衣冠"(或者说,为了避免"口号式"诗词语言,还是需要一点古韵风味),如果同时进行"古韵今声一笔吟",对于更好地遣词、造句与谋篇,全面准确地传递作者的思想感情,可能会有一种相辅相成的作用。

事实上,格律诗词的艺术形式,往往会通过赋、比、兴这些表现手法来实现。按照南宋学者朱熹的说法,"赋者,敷陈其事而直言之者也。""比者,以彼物比此物也。""兴者,先言他物以引起所咏之词也。"当然,赋、比、兴这种表现手法,也同样是其他文学体裁经常使用的表现方法。问题在于格律诗词中的赋、比、兴,是在严格的字数、句数、平仄、押韵、对仗、粘对等要求下运用的,这样必然导致格律诗词独特的语法特点。这些特点主要表现为[①]:

(1)句子成分的省略:如陈子昂的《感遇》:"云构山林尽,瑶图珠翠烦。"这两句诗的意思可用白话文表现为:"因盖云构(高耸入云的建筑),而把山林伐尽,因做瑶图而用珠翠烦(很多)"。

(2)由于句子的省略,常用修饰词语取代中心词语。如有些诗词中,作为主语或宾语的中心词被省略了,而代之以修饰词。如刘克庄《贺新郎》中词句"记得太行山百万",用白话文表述则是:"曾记得,太行山上驻扎义军百万"。又如有些诗词中,作为谓语动词的中心词被省略了,而被状语

[①] 刘福元杨新我著《古代诗词常识》,上海古籍出版社,2009年版,第92页。

所取代。如李贺《雁门太守行》中的诗句"角声满天秋色里",用白话文表述则是:"号角声在满天的秋色里回荡"。

(3) 句子成分顺序的变换,诸如谓语或宾语前置等。如贾岛《题李凝幽居》中的诗句"僧敲月下门",用白话文表述则是"僧在月下敲门"。又如苏轼《蝶恋花》中的词句:"燕子飞时,绿水人家绕。"用白话文表述则是:"绿水环绕着的静静的人家,燕子在自由自在地飞舞。"

(4) 词类的活用,包括名词用作动词和形容词,形容词用作名词和动词,动词用作形容词和副词等情况。如杜甫《泛江送客》中的诗句:"泪逐劝杯下,愁连吹笛生。"用白话文表述则是"热泪满面,沿着劝人多饮的酒杯而下,忧愁连心,伴随着吹响怨曲的笛子而生。"

(5) 从修辞手段来说,为了使诗句或词句紧缩、精炼和符合诗词的声韵等要求,在诗词创作中还经常使用字的省略、字的倒装、词的倒装、句子的倒装等表现形式。

(6) 用典,包括运用事典与语典,也是格律诗词创作较为常见的一种表现方法。所谓用典,也就是对前人语句、神话传说、历史故事等的引用。一个恰当的用典,可以让精炼的字句包含丰富的内容。但若不知道典故的来龙去脉,读起来就很难懂了。

正是由于上述特点,当代人(特别是习作者)创作格律诗词,其思维方式与表现手法均不同于用白话文写作。如果在初步写出"古韵"之后,再用白话文写出这些句子的意思,也就是"今声",就可以比较容易地琢磨那些字、词、句,考察它们是否是诗词的语言,能否正确地表达作者的思想感情。特别是通过"一笔吟",对照"古韵"与"今声",判断那些"跳跃性"较大的字词句之间的逻辑关系是否合适,相关用字、造句特别是它们组合后所表达的意境,是否与自己的"立意"吻合,进而促进作者提高用字、造句与谋篇的艺术性，更好地"言志"与"抒情"。

笔者在《诗词格律与创作》一书中写过这么一段体会①：古今诗词界有一个共识，那就是诗词不厌千回改。在遵循诗词格律的基础上，一首诗词"意境"的构造，既需要靠悟性去创造，也需要靠功夫去打磨。"吟安一个字，捻断数根须"（卢延让诗句）、"二句三年得，一吟双泪流"（贾岛诗句）等古代诗人的名句，从某个侧面反映了古代诗人炼字、酌句、谋篇的风格。这也说明，诗词的创作过程，是一个从有"意"到立"意"、从立"意"到炼"意"、从炼"意"到写"意"、从写"意"到品"意"，直至"改而后工"的过程。如果能在这个过程中，将"古韵今声一笔吟"作为实现"改而后工"，进而促进炼"意"的手段，说不定还会让当代诗词作者"少捻断几根胡须"呢？

三、试将古韵今声一笔吟，有利于当代中华诗词作者与读者之间的交流，在轻松读懂"弦上之音"的同时，还可以随心感悟"弦外之音"

对于古典诗词，有的学者还持有一种"不可译"的观点。也就是说，他们认为古典诗词丰富的内涵是难以翻译出来的。笔者认为，从"意境"的角度讲，这种观点是完全正确的。因为诗词的意境是译不出来的，译文与原文只能"形似"，而很难达到"神似"。然而，从相对的角度看，"不可译"的是诗词的"弦外之音"，而不是"弦上之音"。王国维先生在《人间词话》里有一段十分精彩的话②："古今之成大事业大学问者，必经过三种之境界。'昨夜西风凋碧树，

---

① 罗辉编著，《诗词格律与创作》，湖北人民出版社，2009年版，第11页。
② （清）王国维著，《人间词话》，吉林文史出版社，2007年版（第2次印刷），第38页。

独上高楼，望尽天涯路（晏殊《蝶恋花》中词句）。'此第一境界也。'衣带渐宽终不悔，为伊消得人憔悴（柳永《凤栖梧》亦名《蝶恋花》中词句）。'此第二境界也。'众里寻他千百度，蓦然回首，那人正在灯火阑珊处（辛弃疾《青玉案》中词句）。'此第三境界也。此等语皆非大词人不能道。然遽以此意解释诸词，恐晏、欧诸公所不许也。"显然，王国维先生这里所引用的相关词句，其"弦上之音"并不是这样的。否则，他自己也就不会说"然遽以此意解释诸词，恐晏、欧诸公所不许也"。这也正如梅尧臣所说①："状难写之景如在目前，含不尽之意见于言外。"或者将南宋诗人严羽的"诗话"与清代美学和文艺理论家王国维的"词话"结合起来说②，一首诗词的"境界"有可能"如空中之音、相中之色、水中之影、镜中之象，言有尽而意无穷。"这些"言于外"的"无穷意"，无论如何是不可能用文字翻译出来的。当然，感悟一首诗词的"弦外之音"，实际上也可以看成是一个再创作的过程，可能会随人之不同而不同。就是对于同一个人，可能也会因时间、地点特别是心情之不同而不同。最终，只能是随心感悟，别人是无法去翻译的。像王国维先生那样，"非大词人大学者，不能举出上述词句来代表成大事业大学问者必须经过的三种境界。"③

然而，就诗词的"弦上之音"而言，也就是说一首诗词字面上的意思，应该还是可译的，至于翻译得是否准确，那则是另外一回事了。特别是今人翻译古人的诗词，更可能是见仁见智，各抒己见了。但有一条似乎可以形成共识：那就

---

① （清）王国维著，《人间词话》，吉林文史出版社，2007年版（第2次印刷），第1页。
② （清）王国维著，《人间词话》，吉林文史出版社，2007年版（第2次印刷），第15页。
③ （台湾）叶庆炳著《品诗词悟人生》，九州出版社，2007年版，第129页。

是对于一首格律诗词,如果连它的"弦上之音"都未弄懂,就谈不上感悟它的"弦外之音"。理解是感悟的基础与前提,感悟是理解的深入与升华。正因为如此,如果是"古韵今声一笔吟",当代中华诗词的作者与读者之间,通过对照着读"古韵"与"今声",交流起来就会轻松愉快得多了。

自古以来,学界就有一句名言,叫做"兴趣是最好的老师"。只有唤起更多的人,对以格律诗词为代表的中华诗词产生兴趣,才有可能将传承与弘扬中华诗词这项工作落到实处。否则,将会大打折扣。如果我们能够围绕中华诗词,一方面通过解读与欣赏古人诗词的"两笔吟"来促进今人与古人的交流,又通过自作自译的"一笔吟"来促进今人与今人的交流,那么就有可能在当代背景下,促进更多的当代人走上中华诗词的大舞台,实现作者与读者之间的广泛交流。只要能促进这种交流,提高它的大众性与趣味性,就会起到"随风潜入夜,润物细无声"的效果。也就是说,通过这种交流,可以激起更多潜在的中华诗词爱好者的兴趣,进而让中华诗词在交流中普及,在普及中提高,在提高中创新。这也是笔者提倡"古韵今声一笔吟"的一个良好愿望。

最后,还想简要地说明一下,"试将古韵今声一笔吟"为什么要选择"鹧鸪天"这个词牌[①]?首先,这是因为"鹧鸪天"是一个介于诗与词之间的一种词牌,创作"鹧鸪天"时的"一笔吟",既可以看作是对赋诗的"一笔吟",也可

---

① 《鹧鸪天》又名《思佳客》、《千叶莲》等,调名取自唐人郑嵎诗"春游鸡鹿塞,家在鹧鸪天。"其词谱为("-"表示平声,"|"表示仄声,"+"号表示可平可仄):"+|--+|-(韵) +-+||--(韵) +-+|--|(句) +|--+|-(韵) -||(句) |--(韵) +-+||--(韵) +-+|--|(句) +|--+|-(韵)"该词上片的第三与第四两句,下片的两个三字句一般宜对仗。

以看作是对填词的"一笔吟"。实际上,当古典诗词与音乐分开以后,两者都可以"言志",也都可以"抒情"。从诗的角度看词,词则是句有长短、有的分段或有的不分段的诗;从词的角度看诗,诗则是句子等长、且不分段的词。其次,"鹧鸪天"的词谱很容易记,它可看成是将仄起入韵式的七言律诗分为两段,即前四句为一段(上片),后四句变形后为一段(下片),而这个变形也就是将第五句由七字句变为两个三字句,且加一韵。这样谱在心中,平时写起来也用不着对照词谱,进而可利用"三上"的时间(即会上、车上、飞机上)来填写。再次,也可能是因为笔者对该词牌情有独钟,几十年来,一共填写了一百五十二首《鹧鸪天》,用这样一个篇幅来尝试"一笔吟",也好进行比较与分析。这本小册子所列的《鹧鸪天》,尽管是写于不同时期,但在统一进行"一笔吟"的过程中,一些《鹧鸪天》中的字、词、句,经过"古韵"与"今声"的比较,都有不同程度的润色与加工。

当然,关于"一笔吟"的想法,我征求过不同人士的意见,有赞成的,也有不赞成的。在赞成者中间,主要是中青年人,或者是刚涉入诗词界的人士;在不赞成者中间,则主要是诗词界的资深人士。也正因为如此,我所希望的"古韵今声一笔吟",不是"阳春白雪"的做法,而是"下里巴人"的做法。这一做法是否画蛇添足,多此一举,就留给大家评论去吧。这里,我要由衷地感谢我的恩师杨叔子院士,当年他曾为我的学术著作《实用产品设计经济分析——产品设计经济学》作序,这次又欣然为该书作序。同时,我还要衷心感谢湖北省诗词界的四位诗友李辉耀、方世焜、詹骁勇、刘绍军先生,他们对本书初稿提出了很多宝贵意见。此外,我还要向那些与我一道讨论"一笔吟"的朋友们道谢,无论他们是持何种意见,都一样鼓励与鞭策我进行这项尝试，并给了我信心、勇气与力量。

　　唐代诗人朱庆馀有一首《闺意》："洞房昨夜停红烛，待到晓前拜舅姑。妆罢低头问夫婿，画眉深浅入时无？"这首诗可以表达笔者完成这本小册子后的心情。笔者几十年来的学习生涯可以用两句话来概括，即"大学学工，研究生学理，半路出家自学财经与管理；少时学艺，老来学文，一路唐风宋月学耕耘。"也正因为如此，笔者仅仅是一位中华诗词的爱好者，文学素养相当缺乏，在这本小册子中，无论是"古韵"，还是"今声"都很肤浅，特别是"一笔吟"的问题，都真诚地希望各位诗家和广大诗词爱好者不吝赐教。

罗　辉

2010 年 8 月于武昌水果湖

目　录

鹧鸪天·木匠生涯 …………………………………… 1
鹧鸪天·寄语挫折 …………………………………… 2
鹧鸪天·喜闻"处女作"付梓 ……………………… 3
鹧鸪天·夏夜述怀 …………………………………… 4
鹧鸪天·薄酒庆祝上大学 …………………………… 5
鹧鸪天·咏梧桐 ……………………………………… 6
鹧鸪天·夏日偶怀 …………………………………… 7
鹧鸪天·春山即兴 …………………………………… 8
鹧鸪天·咏雪 ………………………………………… 9
鹧鸪天·初到武工黄石分院 ………………………… 10
鹧鸪天·咏油菜 ……………………………………… 11
鹧鸪天·夏日即事 …………………………………… 12
鹧鸪天·雪梅 ………………………………………… 13
鹧鸪天·游春漫兴 …………………………………… 14
鹧鸪天·闲趣 ………………………………………… 15
鹧鸪天·暮雨夜晴 …………………………………… 16
鹧鸪天·乡村感怀 …………………………………… 17
鹧鸪天·立秋即事 …………………………………… 18
鹧鸪天·棉花 ………………………………………… 19
鹧鸪天·夜思 ………………………………………… 20
鹧鸪天·冬日即事 …………………………………… 21
鹧鸪天·夏日骤雨 …………………………………… 22

鹧鸪天·秋野感怀 …………………………… 23
鹧鸪天·故乡秋渚 …………………………… 24
鹧鸪天·梦醒感怀 …………………………… 25
鹧鸪天·宝通寺 ……………………………… 26
鹧鸪天·襄江寄怀 …………………………… 27
鹧鸪天·秋望 ………………………………… 28
鹧鸪天·与友人共勉 ………………………… 29
鹧鸪天·春晓霁色 …………………………… 30
鹧鸪天·访孟浩然故居 ……………………… 31
鹧鸪天·初冬即兴 …………………………… 32
鹧鸪天·乡村见闻 …………………………… 33
鹧鸪天·下乡感怀 …………………………… 34
鹧鸪天·久旱逢雨 …………………………… 35
鹧鸪天·空中旅怀 …………………………… 36
鹧鸪天·暮秋寄怀 …………………………… 37
鹧鸪天·南漳行 ……………………………… 38
鹧鸪天·夜读即事 …………………………… 39
鹧鸪天·秋日观荷 …………………………… 40
鹧鸪天·荆山行 ……………………………… 41
鹧鸪天·别襄樊 ……………………………… 42
鹧鸪天·江上即事 …………………………… 43
鹧鸪天·怀孟夫子 …………………………… 44
鹧鸪天·重阳怀旧 …………………………… 45
鹧鸪天·秋日偶怀 …………………………… 46
鹧鸪天·汉水渡头 …………………………… 47
鹧鸪天·灯下寄语 …………………………… 48
鹧鸪天·感受"世外桃源" …………………… 49
鹧鸪天·怀杜甫 ……………………………… 50

鹧鸪天·读书感怀 ·············· 51
鹧鸪天·炎帝故里 ·············· 52
鹧鸪天·老来酒怀 ·············· 53
鹧鸪天·重阳节述怀 ············· 54
鹧鸪天·金秋漫兴 ·············· 55
鹧鸪天·《一代廉吏于成龙》观感 ······ 56
鹧鸪天·参观稻花香酒业公司 ········ 57
鹧鸪天·中秋偶怀 ·············· 58
鹧鸪天·读《卧牛吟草》 ··········· 59
鹧鸪天·三秋偶怀 ·············· 60
鹧鸪天·马尔马拉海峡观光 ········· 61
鹧鸪天·明斯克晚宴 ············· 62
鹧鸪天·从明斯克到布列斯特 ········ 63
鹧鸪天·敬贺周坚卫先生六十华诞 ····· 64
鹧鸪天·赠恩施朋友 ············· 65
鹧鸪天·风雨寄思 ·············· 66
鹧鸪天·寄一位佛教大师 ··········· 67
鹧鸪天·敬贺梁尚敏先生八十华诞 ····· 68
鹧鸪天·次韵赠刘文芳先生 ········· 70
鹧鸪天·赠退休同仁 ············· 71
鹧鸪天·棉田秋色 ·············· 72
鹧鸪天·木芙蓉 ················ 73
鹧鸪天·莫愁湖畔即事 ············ 74
鹧鸪天·怀姜夔 ················ 75
鹧鸪天·给京城湖北老乡拜年 ········ 77

鹧鸪天·雪地感怀 …………………………………… 78
鹧鸪天·春游 ………………………………………… 79
鹧鸪天·武陵山区行 ………………………………… 80
鹧鸪天·为无名烈士扫墓 …………………………… 81
鹧鸪天·感悟垂钓 …………………………………… 82
鹧鸪天·暮色偶怀 …………………………………… 83
鹧鸪天·咏"落马人" ……………………………… 84
鹧鸪天·栀子花 ……………………………………… 85
鹧鸪天·薄刀峰 ……………………………………… 86
鹧鸪天·观钓感怀 …………………………………… 87
鹧鸪天·漫步湖边偶怀 ……………………………… 88
鹧鸪天·咏悠闲 ……………………………………… 89
鹧鸪天·寄退休同仁 ………………………………… 90
鹧鸪天·冬日感怀 …………………………………… 91
鹧鸪天·咏雪 ………………………………………… 92
鹧鸪天·过年 ………………………………………… 93
鹧鸪天·桂林"两江四湖"游 ……………………… 94
鹧鸪天·漫步襄樊滨江大道 ………………………… 95
鹧鸪天·踏青漫兴 …………………………………… 96
鹧鸪天·暮色寄思 …………………………………… 97
鹧鸪天·清明节 ……………………………………… 98
鹧鸪天·巴东旅怀 …………………………………… 99
鹧鸪天·闲日偶怀 …………………………………… 100
鹧鸪天·祝《长江文艺》创刊六十周年 …… 101
鹧鸪天·夜色偶怀 …………………………………… 102
鹧鸪天·海峡寄思 …………………………………… 103
鹧鸪天·棉田即兴 …………………………………… 104
鹧鸪天·夏日漫兴 …………………………………… 105

鹧鸪天·日全食观感 ……………………………… 106
鹧鸪天·立秋日寄怀 ……………………………… 107
鹧鸪天·参观平遥县衙 …………………………… 108
鹧鸪天·同酌寄友人 ……………………………… 109
鹧鸪天·又闻一位官员落马 ……………………… 110
鹧鸪天·秋日荷塘 ………………………………… 111
鹧鸪天·秋日感怀 ………………………………… 112
鹧鸪天·寄悲秋者 ………………………………… 113
鹧鸪天·次韵赠何联华教授 ……………………… 114
鹧鸪天·访僧友 …………………………………… 116
鹧鸪天·故里棉田 ………………………………… 117
鹧鸪天·凭吊三位舍己救人的大学生 …………… 118
鹧鸪天·张家界观光 ……………………………… 119
鹧鸪天·六十述怀 ………………………………… 120
鹧鸪天·生态健康论坛 …………………………… 121
鹧鸪天·秋木寄怀 ………………………………… 122
鹧鸪天·次韵赠袁修钧先生 ……………………… 123
鹧鸪天·雪天述怀 ………………………………… 124
鹧鸪天·咏柑橘 …………………………………… 125
鹧鸪天·霜天感怀 ………………………………… 126
鹧鸪天·感悟人生 ………………………………… 127
鹧鸪天·月夜感怀 ………………………………… 128
鹧鸪天·沉痛悼念李尔重同志 …………………… 129
鹧鸪天·冬访莫愁湖 ……………………………… 131
鹧鸪天·再咏雪 …………………………………… 132

鹧鸪天·雪天会故人 …………………………… 133
鹧鸪天·漠河北极村旅怀 ……………………… 134
鹧鸪天·次韵寄乐本金先生 …………………… 135
鹧鸪天·献给老领导 …………………………… 136
鹧鸪天·回故里感怀 …………………………… 138
鹧鸪天·庚寅新春寄语 ………………………… 139
鹧鸪天·瞻仰井冈山烈士陵园 ………………… 140
鹧鸪天·参观崇武古城 ………………………… 141
鹧鸪天·再咏油菜 ……………………………… 142
鹧鸪天·祝襄樊一中荣膺"省示范高中" ……… 143
鹧鸪天·祝张菊水教授自传问世 ……………… 144
鹧鸪天·读《当代老年》 ……………………… 145
鹧鸪天·贺诗坛"大会" ………………………… 146
鹧鸪天·游崇明岛东滩湿地公园 ……………… 147
鹧鸪天·咏端午节 ……………………………… 148
鹧鸪天·读李白"将船买酒"诗 ………………… 149
鹧鸪天·晚年憧憬 ……………………………… 150
鹧鸪天·咏"感动身边" ………………………… 151
鹧鸪天·泛舟即事 ……………………………… 152
鹧鸪天·漫兴 …………………………………… 153
鹧鸪天·庆祝黄石市建市六十周年 …………… 154
鹧鸪天·三伏即事 ……………………………… 155
鹧鸪天·中秋还乡 ……………………………… 156
鹧鸪天·浩然故里寄诗坛 ……………………… 157

鹧鸪天
木匠生涯
（1970年3月）

一改初衷回故乡，鲁班传语刨花香①。手中墨线连千里，心上蓝图谋四方。　杨柳月，板桥霜，行人足迹五更长。感时欲问来年事，自信东家有眼光。

【注：】

①刨花：刨木料时刨出来的薄片，多呈卷筒状，故称之为"花"。鲁班：鲁班本名公输般，因为"般"与"班"同音，是春秋战国时代鲁国人，所以称之为鲁班。他是历史上有名的工匠，被喻为木匠的祖师。

【词意】

跟随着知识青年上山下乡的大军，改变了原来的人生计划，回到了自己的故乡，开始了木匠生涯。木匠祖师鲁班的很多教诲与传说，让人感到木匠生涯饶有趣味。你看那木匠手中的墨斗线，连接着千家万户的房屋建筑、家具制造与日常生活。木匠心上的蓝图，面向四面八方的用户，按照他们的需求来谋划自身的事业。

早晨，天上的月亮还挂在杨柳梢头，木匠就踏着板桥上的寒霜出门了。那绵延不断的足迹，让人感到初春五更的漫长。迎着春回大地的气息，想谋划自己未来的事业发展，相信只要认真做人、努力做事，一定能够用精湛的手艺去赢得各地主人家的信任。

鹧鸪天

寄语挫折

（1972年11月）

一阵寒流未尽头，井梧摇荡故乡秋。顺时如梦无忧虑，逆境非烟多怅惘。　　心易躁，泪难流，相逢恩怨莫言愁。新丰独酌何须醉，敢问元龙百尺楼①。

【注：】

①新丰独酌：典出《新唐书·马周传》，指人物处逆境时发奋向上的思想境界。如陆游《十一月三日过升仙桥作》："纷纷朋座谁能识，大似新丰独酌时。"元龙百尺楼：典出《三国志·陈登传》。"元龙"系指三国时魏国名士陈登（字元龙）。当时名士许汜无济世之志，受到陈登轻视。他去见陈登时，陈登让他睡在床下，自己睡在床上。他向刘备发泄不满，刘备答道，倘若我是陈登的话，将让你睡地上，而自己则睡在百尺楼上，何止是床上而已。

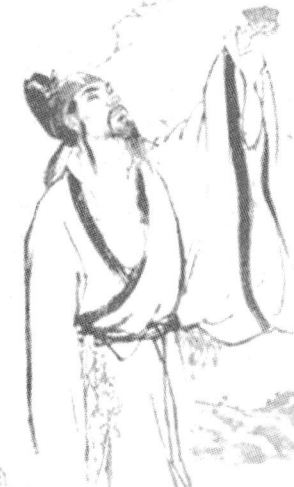

【词意】

突如其来的一阵寒流还没有过去的迹象，故乡井边的梧桐树，在秋风的吹拂下，枝叶飘荡，迎来了暮秋天气。人生旅途，顺利时好像梦一样无忧无虑，但逆境时则决非飘渺如烟，会让人产生很多伤感。

尽管心容易烦躁，很难静下来。但是，男儿有泪不轻弹，碰上那些恩恩怨怨的事情，也不轻易说出半个愁字。"新丰独酌"的故事告诫我们，人逢逆境不要以醉酒消愁，而要振作精神，学习魏国名士元龙的豪气，敢于去寻找那百尺高楼。

鹧 鸪 天

喜闻"处女作"付梓[①]

(1973年元月)

茧手操刀锯似弓,丹心著述木模工。魂牵旧稿滋甘露,梦绕新书沐雅风。　文字里,画图中,几多闲语笑吾衷。初生牛犊无多虑,遇虎犹如遇狗熊。

【注:】

①处女作:系指笔者在湖北省大冶县金桥公社农机厂工作期间,作为回乡知青写的《齿轮叶轮类木模制造》一书,该书由机械工业出版社出版。

【词意】

长满老茧的双手,朝夕相处的是刀、锯等木模工具。但要用这双茧手著书立说,其力量却来源于那颗赤诚的丹心。听到该书即将付梓的消息,使人想到艰辛的写作过程,滋润过多少甘甜的雨露。梦境中也好像捧着那本新书,沐浴着一股喜悦的春风。

透过该书的文字与图表,让人想起在该书的编写过程中,所听到的诸如"癞蛤蟆想吃天鹅肉"之类的闲言碎语。但是,正如俗话所说,初生牛犊不怕虎,一个回乡知青对此全不在乎,就是遇到一只老虎也当是遇到一只狗熊。

鹧鸪天

夏夜述怀

（1973年8月）

不慕金樽饮玉浆，惟求竹席卧方床。身淋汗水闻家犬，怀揣诗情望野芳。　　残烛暗，旧书香，悬梁刺股夜风凉。凝眸星斗知南北，一颗恒心胜锦囊。

【词意】

  打发盛夏的夜晚，并不羡慕享有金樽美酒的生活，只需要有一张铺着竹席的方床就行了。淋着汗水的身子，常能听到家犬亲切的叫喊声。顶着烈日生机勃发的野花，望着它更催人诗兴大发。

  夏夜开卷，快点完的蜡烛，灯光暗淡。但哪怕是翻旧了的书籍，也蕴含着不尽的芬芳。发扬古人头悬梁、锥刺股的刻苦学习精神，沉下心来读书，盛夏的夜风也很凉爽。凝望着天空中的星星与月亮，弄清楚东西南北，确定好自身努力的方向。拥有一颗持之以恒的心，比得到任何锦囊妙计都重要啊！

鹧 鸪 天

薄酒庆祝上大学

(1974年10月)

喜鹊枝头鸣不休,桂花馥郁月华收。大堂众客忙斟酒,小灶双亲急运筹。　千里盼,一书求①,梦圆时刻泪花流。学成还愿回乡里,赤脚甘为孺子牛②。

【注:】

①一书求:系指盼望收到大学的入学通知书。当年,笔者有幸被选送到华中工学院学习。

②孺子牛句:系化用鲁迅先生"俯首甘为孺子牛"诗句。

【词意】

好事临门,喜鹊在枝头不停地鸣叫。在一轮明月的照耀下,桂花飘着浓郁的芳香。农屋的大堂上,应邀出席酒会的朋友们频频举杯祝贺。而在厨房的小灶旁,父母双亲却在不停地忙碌,急着为酒席准备饭菜。

曾经是千里翘首相盼,希望能收到一张大学的入学通知书。而当梦想成真的时候,却更是感动万分,两眼禁不住热泪盈眶。我暗暗发誓学成后还要回到自己的家乡,建设自己的家乡。要像鲁迅先生所说的那样,俯首甘为孺子牛,扎根农村干一辈子革命。

鹧鸪天
咏梧桐
(1982年4月)

　　一木悠然百啭莺，芬芳不解寄伶仃。无心斗艳枝无恙，有意修身阴有情。　　冬让暖，夏遮晴，经寒历暑自由行。莫嫌片叶容颜瘦，但借秋声尽赤诚。

【词意】

　　梧桐悠然自得，春莺也为之感慨。可惜芬芳馥郁的花卉，却不理解其中的心愿，总认为它孤独而寂寞。不愿争妍斗艳的梧桐，没有任何烦恼，只想好好修炼自身，并将深情蕴含于清凉的浓阴之中。

　　冬天落叶飘去，为温暖的阳光让路。夏天浓阴遮日，为炎热的世人消暑。梧桐本身则不在乎夏顶烈日，冬冒严寒，自由自在地打发岁月。当秋风吹来的时候，可不要嫌弃梧桐叶子消瘦的容颜。这些树叶之所以无声无息地落去，那是因为梧桐希望借着秋声，来表达自己对大地最后的赤诚之情啊！

鹧鸪天
夏日偶怀
（1983年6月）

夏日葱茏少是非，眼中不见落花飞。漫天杨柳垂青琐，遍地乡村拥翠微。　　云渺渺，水依依，稻肥苗壮送芳菲。骄阳不是无情物，酷暑冰心五谷肥。

【词意】

夏日里到处郁郁葱葱，看不到争妍斗艳、落花飞扬，自然也少了许多是是非非。漫天的杨柳树青翠欲滴，遍地的乡村坐落在绿阴环抱的翠微之中。

行云渺渺，流水依依，遍野稻田的禾苗肥壮，送来沁人心脾的芳菲。不要说夏日的骄阳太无情，而应说它像是一位怀揣冰心的天使，因为惟有烈日的高温，才有五谷丰登啊！

鹧鸪天

春山即兴

（1984年4月）

胜日寻芳登古台，欲谋佳句合词牌。山中草木笼轻雾，眼下风情入壮怀。　　枝绽放，燕归来，一天春色一刀裁②。东君相许花争艳①，引得菩提世上栽。

【注：】

①一刀裁句：系化用唐贺知章《咏柳》诗名句："不知细叶谁裁出，二月春风似剪刀。"

②东君：典出屈原《九歌·东君》，指日神，又为司春之神。

【词意】

在那春光明媚的日子，怀着踏青的兴致，登临高山上的古台，希望找到称心如意的词句，并选择一个合适的词牌。举目望去，轻轻的烟雾笼罩着山上的树木，眼下的风情物意，不知不觉地涌入了自身的襟怀。

枝上春花怒放，燕子也从南方归来。漫山遍野的红花绿叶，都出自春风这把神奇的剪刀。但遗憾的是，东君这位司春之神，却让百花盛开，争妍斗艳，进而让佛教理念也有了市场。世上所栽种的那些菩提树，正是在启迪人们应该清心寡欲啊！

鹧鸪天
咏 雪
（1985年元月）

一阵寒风落玉沙，谢娘别后莫须嗟①。犹如天上神仙草，不似人间富贵花。　辞圣殿，向天涯，欲教淑女着婚纱。一生钟爱冰心洁，霁色澄鲜沐晚霞。

【注：】

①谢娘：即晋代才女谢道韫。她曾因咏雪的名句"未若柳絮因风起"而享有盛名。比喻满天飞舞的鹅毛雪，故常用"飞絮"咏雪，典出《世说新语·言语》。

【词意】

一阵凛冽的寒风，让大地白雪皑皑。尽管谢娘——谢道韫离世了，但也不要担心世上再也没有慧眼知雪的人们。我们由衷地感到，白雪犹如天上的神仙草，而不像是人间的富贵花。

白雪辞别天上的圣殿，飞向海角与天涯。它总希望世上万物，像淑女一般披上洁白的婚纱。一生特别钟爱拥有一颗圣洁的冰心，在那雪霁后的黄昏，呼吸着澄鲜的空气，沐浴着温暖的晚霞。

鹧鸪天

初到武工黄石分院

(1986年7月)

初上孤楼思渺茫,同仁指点话沧桑。当年常说磁湖美,今日方知泗水长①。　　从履薄,到图强,人间莫笑少年狂。杏坛雨露滋诸子,槐市葱茏达四方②。

【注:】

①磁湖:又名南湖,位于湖北省黄石市市区,系武汉工学院黄石分院(简称武工黄石分院,今为黄石理工学院)的所在地。泗水:系流经孔子家乡山东曲阜的一条河流。

②杏坛:或杏花坛,典出《庄子·渔父》,传说春秋时孔子和弟子曾坐在遍植杏树的高地上读书弹琴。后泛指授徒讲学之处。槐市:典出《三辅黄图》,汉代长安的市场名。因其地多种槐树故名。这是当时书生每月朔、望日聚会买卖及发议论之所。后因作为读书人聚集地方的代称。

【词意】

首次来到武工黄石分院,登上孤零零的一栋楼房。一起登楼的同事,谈起了学校从无到有的发展与变化。看到眼前的这番景象,一时间思绪万千。当初,只是充满对磁湖彼岸这所高校的美好憧憬,而今却更是感悟到孔子家乡的泗水河源远流长,学校未来的发展任重而道远。

从如履薄冰,到奋发图强,但愿不要笑话初生之犊的一腔热血。我们应该认真学习与大力弘扬孔子杏坛办学的精神,让甘甜的雨露滋润诸子百家,让莘莘学子在"槐市"中大显身手,并享誉四方。

鹧 鸪 天

咏 油 菜

(1987年3月)

柳眼观光一野黄,四周静寂费思量。可怜路上游春客,不解人间种地郎。　　花海俏,菜油香,清身傲骨世情长。残枝空卧无声处,但愿桑蚕作茧房①。

【注:】

①茧房:油菜的秸杆,是蚕农用来养蚕,供蚕作茧的场所。

【词意】

春天来了,柳枝嫩绿,油菜花开,一野金黄。但非常遗憾的是这么好的景色,却仍然让田野四周还是那么寂静。路上那些熙熙攘攘的春游人啊,为什么就不喜欢这美好的田野风光,不能理解与分享种地人的快乐呢?

油菜花盛开如海,十分壮观,用油菜籽加工的菜油也格外喷香。油菜的一生是清白而有骨气的一生,是对世间充满深情厚意的一生。就是油菜老了,只剩下一些秸杆,还常常被放在无声无息的地方,但还是希望能为小蚕吐丝作茧提供服务,进而为蚕农养蚕尽一点微薄之力。

鹧鸪天

夏日即事

（1988年7月）

暑日楼台坐翠微，绿肥红瘦不摧眉。梧桐叶茂经风雨，菡萏姿妍照藕池①。　　飞鸟噪，睡莲思，一高一下竞天时。闻鸡起舞行人早②，望穗扬花落照迟。

【注：】

①菡萏：即荷花。

②闻鸡起舞：典出《晋书·祖逖传》。东晋时，祖逖和刘琨二人为好友，常常互相勉励，半夜听到鸡鸣就起床舞剑，后用来比喻有志之士及时奋发。

【词意】

夏日，楼台亭阁的周围，树木葱茏，但芬芳却大多凋谢。这个季节的景色都不会摧眉折腰，招揽游客。梧桐枝繁叶茂，能挡风遮雨，阳光洒满藕池，映照着荷花更加娇艳。

枝上的飞鸟在不停地鸣叫，池中的睡莲却在静静地沉思。这景象给人的启示，好像是一个在高处，一个在低处，但同时竞得天时。有志之士无论地位高低，都应有闻鸡起舞的精神，及时奋发向上，看到那扬花的稻穗，孕育着丰收的希望，连夕阳都流连忘返，一往情深。

鹧鸪天
雪　梅
（1989 年 12 月）

脂是严霜友是兰，一生不进百花园。常羞桃李争春暖，久慕松篁凌岁寒。　　花韵味，雪容颜，悠然绽放对烟岚。清香不结浓香伴，三九罗浮独自欢①。

【注:】

①罗浮：或罗浮梦，典出唐·柳宗元《龙城录》。相传隋文帝时期，赵师雄被贬谪，途经罗浮山（在今广东省增城、博罗、河源等县之间，为粤中名山），在松林间遇一女子，与她同入酒家共饮而醉，醒后发现自己在梅花树下，方知先前女子乃梅花之魂。后多用"罗浮"或"罗浮梦"咏梅花。

【词意】

严霜是雪梅的胭脂，兰草是雪梅的朋友，雪梅一辈子都不愿意挤进春日的百花园中。她经常为桃李等春花之间的争妍斗艳而羞愧，但由衷地仰慕苍松翠竹斗雪凌寒的精神风骨。

雪梅有花的韵味，雪的容颜，对着浓浓的雾气悠然绽放。她的清香不愿意与浓香结伴，却愿意迎着三九严寒而自得雅趣。

鹧鸪天

游春漫兴

(1990年5月)

　　胜日登高思绪浓,闲身深入翠微中。南朝古寺僧何在?西岭空林雾几重?　　山带雨,水生风,游情似与物情同。遥闻钟鼓融禅性,凝目莲池心径通。

【词意】

　　沐浴着明媚的春光,登上青翠的高山,思绪万千。难得趁着清闲时刻,来到这幽静的翠微深处。听说是南朝时期留下来的古庙,那些老和尚哪里还有呢?西边岭上的树林一片空寂,有多少重烟雾将它笼罩啊!

　　骤然间,山上飘起了小雨,微风也将雨水吹在身上。此时此刻,游人的情绪似乎与大自然的风物相通。听到寺庙里传来的钟鼓声,似乎声音之中也融有佛禅的气息。特别是仔细品味那碧绿的莲荷池塘,心灵深处就会更加豁然开朗。

鹧鸪天
闲 趣
（1991年3月）

福寿康宁自古珍，闲来相聚闹阳春。一时枝影侵棋局，四处花香入酒樽。　情未了，梦常新，青衫白发赋黄昏①。临风翠竹常知省，沐雨苍松永洁身。

【注：】

①青衫：典出《新唐书》卷二四《车服志》，唐宋八品与九品官著青衫，后常用青衫指职位低微之人。

【词意】

福寿康宁这四个字，自古以来人们都认为是非常珍贵的。在这春意盎然的大好时节，趁闲暇时候，老朋友相聚更是别有一番情趣。相互对弈的时候，一时间的枝影随着棋局的变化而变化；相聚对饮的时候，四处的花香与杯中的酒香融合在一起，这些都令人心旷神怡。

人虽闲着，但情感难尽，梦想常新。不要计较头披白发，身穿青衫。哪怕是身份低微，仍坚持吟咏于暮色黄昏。应该效仿高风亮节的翠竹，经常注意反省自己的言行；学习栉风沐雨的苍松，永远保持自身的圣洁。

鹧鸪天
暮雨夜晴
(1992年4月)

碧柳清波疏影横,烟云骤起鹭鸥鸣。遥看水色连山色,静听风声夹雨声。　樽未老,酒常清,等闲岁月有阴晴。飞红落地枝犹碧,明月梢头叶更明。

【词意】

春日晴湖,碧波荡漾,柳影横斜。突然间,烟云骤起,鹭鸥飞鸣。举目远眺,水色与山色连成一体。侧耳静听,风声与雨声也常遥相呼应。

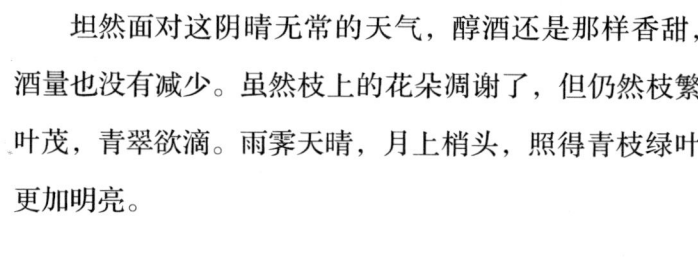

坦然面对这阴晴无常的天气,醇酒还是那样香甜,酒量也没有减少。虽然枝上的花朵凋谢了,但仍然枝繁叶茂,青翠欲滴。雨霁天晴,月上梢头,照得青枝绿叶更加明亮。

鹧鸪天

乡村感怀

（1993年4月）

宿鸟无声何所求？一林新碧一天幽。壮年戴月行秧马①，少辈扬鞭牧水牛。　　从屋里，到田头，闻鸡起舞晓烟稠②。乡村四月闲人少，不恋春光恋夏收。

【注：】

①秧马：一种木制的带有底板的凳子，可托在泥巴上面滑行，供扯秧时用。

②闻鸡起舞：参见第12页《鹧鸪天·夏日即事》注释。

【词意】

乡村夜晚，寄宿丛林的鸟儿，静悄悄地栖宿在树枝上，哪有什么格外的需求呢？树林新叶葱郁、枝繁叶茂，而夜空却特别寂静。拂晓时分，壮年劳力披星戴月，骑着秧马凳子，在秧田里辛苦地劳作。而少辈孩童则扬着鞭子，在草地上放牧水牛。

春耕时节，从农民的家里，到田间地头，大家早出晚归，每天都是顶着浓厚的晨雾，早早地就起来干活了。乡村四月几乎就没有什么闲人，因为大家并不在乎明媚的春光，而在乎夏日的收成啊！

鹧鸪天

立秋即事

(1994年9月)

早晚虽凉暑未停,立秋时节绿中行。凝眸一瞥横长笛,搔首三思倚短亭①。　　红叶咏,白头聆,问谁能解这般情?木犹如此人何许②?但愿流光鉴赤诚。

【注:】

①倚短亭句:系化用李白"何处是归程?长亭更短亭"词句。

②木犹如此人何许:据《世说新说·言语》载,桓温见从前所植的柳树已长得非常粗大,慨然叹道:"木犹如此,人何以堪!"

【词意】

立秋时节,虽然早晚凉爽一些,但闷热的天气并未完全消失,行人仍然喜欢在那依旧葱郁的树阴下行走。凝眸一看,有人正在吹着长笛,似乎是在表达对远方亲人的思念。再靠着短亭,搔首遐想,又勾起不尽的离情别绪。

秋天来了,树叶红了,白发老者聆听着那吟咏红叶的诗句,世上谁能理解这其中的情感呢?自古以来,人们都会面对小树木长成参天大树而感慨,当然更会感叹光阴的匆匆流逝。面对短暂的人生,也没有必要过度的叹息,但希望伴随着岁月的步伐,能见证无愧于世的赤胆忠心。

鹧鸪天
棉　花
（1995年9月）

遍地棉花雪满头，银装素裹水村幽。一身硬骨经风雨，万朵柔情寄夏秋。　　黄叶瘦，白云羞，藏妍别艳寸心修。宁为粗布催刀尺，不慕罗衣入画楼①。

【注:】

①罗衣："罗"即一种丝织品，"罗衣"泛指用丝绸制作的衣服。

【词意】

遍地的棉花，像披上雪花那样满头皆白，在这银装素裹的棉田中，乡村曲径通幽。棉花秸秆一身硬骨，能够经受住风风雨雨，而棉花本身却柔情脉脉，奉献给夏天与秋天。

棉花藏妍别艳，常修自心。开花之后，叶子枯黄，身材消瘦，也仍然无忧无虑。白云都为棉花的这种奉献精神而深感羞愧。棉花宁可织成粗布，并尽快剪裁成衣，为天下人御寒保暖，也不羡慕那些用绫罗绸缎制成的衣裳，随着达官贵人出入豪华住所。

鹧鸪天
夜　思
（1995年11月）

　　灯下吟诗唱白头，夜阑明月上西楼。三更梦里穿蝴蝶①，五谷仓前卧牯牛。　　莲子苦，菊香幽，一枝梧叶一声秋。壮心莫忆新丰酒，华发常携旧雨游②。

【注：】
　　①蝴蝶句：系化用"庄周梦蝶"典故，该典出自《庄子·齐物论》："昔者庄周梦为蝴蝶，栩栩然蝴蝶也。"
　　②新丰酒：唐都长安郊区有新丰故城（在今陕西临潼县东），此地以产美酒闻名，故诗中常以"新丰酒"泛指美酒。旧雨：典出唐杜甫《秋述》诗：杜甫文有"当时车马之客，旧雨来，今雨不来"语，自叙卧病长安，客少登门的情景。后人用"旧雨"代指旧友。

【词意】
　　白发悠然，灯下吟诗。夜深时分，披着明月，登上西楼。三更入梦，见到蝴蝶在自由地飞翔。五谷丰登，一头耕牛正静卧在装满五谷的仓前。
　　莲子心苦，菊花香幽。梧桐苍老，落叶飞扬，一切都诉说着秋天的到来。岁月流逝，虽老犹壮的身心，不要去迷恋美酒往事，但希望经常与旧时好友一块儿欢度愉快的时光。

鹧鸪天

冬 日 即 事
（1996年12月）

万木霜姿别样容，曾经酷暑绿阴浓。莫忙折柳催行客，但愿垂纶约钓翁。　　天皓皓，水溶溶，寒山落木夕阳红。肯将热血肥缁土，直付冰心寄碧空。

【词意】

冬天的万木，曾经夏日酷暑的洗礼，给大地带来葱郁的浓阴。现在虽饱经霜风雪雨，却仍然有独具韵味的容颜。面对霜天万物，我们不要匆忙地折柳为昔日的友人送行，而应相约一些老年朋友一起垂钓。

云天皓皓，流水溶溶。夕阳照耀着寒山上的落叶树木，更显得满天彤红。那些撒落的枯叶，将用终身的热血去肥沃树下的黑土地，同时，也将那一颗洁白无暇的冰心寄给如洗的碧空。

鹧鸪天

夏日骤雨

（1997年7月）

一阵阴霾侵远空，乱云暗度自从容。烟埋杨柳千株碧，雨打荷花万朵红。　　思古训，唤新风，扬清激浊荡心胸。披肝沥胆邀明月，竹里行厨捧玉觥①。

【注：】

①竹里行厨：典出唐·杜甫诗句"竹里行厨洗玉盘"。行厨，系指旅途中所用的临时烹饪设施。后世常用作旅途野炊的典故。觥：酒具。

【词意】

夏日里，一阵乌云突然遮住了天空。在这乱云暗度之时，世间仍然有很多事物从容不迫。你看那，烟雾笼罩下的千株杨柳依然苍翠欲滴；骤雨击打后的万朵荷花依然艳丽鲜红。

古训值得深思，新风需要呼唤，在激浊扬清的过程中，将心胸荡涤一空。若是能把腑脏剖开，露出肝胆，明月可以来见证自身的赤诚。让知己相聚在竹林里野炊，举起精致的酒杯开怀畅饮吧！

鹧鸪天

秋野感怀

（1997年10月）

红叶钟情几万般？物随人意竞斑斓。圆荷带露千裙舞，细柳凌风一线牵。　　云淡淡，月弯弯，黄昏把酒独凭栏。竹林有客吟丹菊，石岭无尘展玉颜。

【词意】

秋光烂漫，红叶万般钟情。景物似乎懂得人意，色彩竞相斑斓。清风吹拂，荷叶带着露水，像身着连衣裙的少女翩翩起舞。杨柳也迎风飘拂，且还总是带着一丝无言的牵挂。

野阔云淡，明月眉弯。黄昏时分，独倚栏杆，端着酒杯，举目望远。竹林深处有人在吟诵芳菊，而洁净无尘的石岭，却正向人们展示着似玉的容颜。

鹧鸪天
故乡秋渚
（1997年10月）

暮色湖天白鹭飞，莲荷落帽藕身肥。回归碧野同休戚，阔别红尘远是非。　　霜木叶，夕阳晖，东篱采菊弄芳菲。余生莫记陈年恨，但饮清醇拥翠微。

【词意】

秋光暮色，故乡之水，白鹭飞翔。莲荷的叶子零落了，但莲藕却依然身强力壮。看到这番景色，真想回到碧绿的田野，与之休戚与共，进而远离那滚滚红尘，远远地告别是是非非。

霜木叶落，却一身轻松，沐浴着夕阳的光辉。采菊东篱下，清淡的芳香扑鼻而来。晚霞似火，不要让剩下的光阴，去计较往日的怨恨。最好是畅饮清醇美酒，拥抱那不老的苍翠景色。

鹧鸪天

梦醒感怀

（1997年11月）

落木秋声一夜霜，北风吹雁到衡阳①。无言更觉心思乱，有酒方催兴味长。　生劲草，动柔肠，梦中春色绿池塘。醒来难让忧愁尽，何日悠闲回故乡。

【注：】

①衡阳：即湖南省衡阳市，旧城南有回雁峰，相传北雁至此不再南飞。

【词意】

北风吹拂，黄叶飞落。在秋声与寒霜的簇拥下，大雁飞到了衡阳。见到这番景象，虽说无言，但更觉心绪缭乱。于是，就用美酒来催生一时的兴趣吧！

酣梦之中，看到春光下芳草萋萋、池塘碧绿，触景生情不由得搅动了柔肠。醒来时还很难让一腔忧愁逝去，心里不停地在问：何时才能自由自在地回到故乡呢？

鹧鸪天
宝通寺①
(1998年4月)

佛语禅声问冗愁,为何浮躁晃悠悠?可怜尘客迷红榜,枉使凡身乱白头。 风怒吼,水奔流,一山明月觅清幽。莫教荆棘缠双腿,但愿馨香落满楼。

【注:】

①宝通寺:位于武汉市武昌区洪山脚下,是全国著名的佛教圣地。

【词意】

佛语禅声,问及那些多余的闲愁,为什么浮躁总会在你心里晃晃悠悠呢?那些迷恋于名缰利锁之人,实在是可怜啊!进而让这些凡夫俗子过早地枉白了少年头。

风在怒吼,水在奔流,一山明月找到了清幽之处。不要让满地的荆棘缠住了你的双腿,但希望馥郁的芬芳充满你那幽静的楼阁。

鹧 鸪 天

襄 江 寄 怀

(1998年7月)

　　樽酒相逢话语亲，襄江无惑远迷津。五湖四海寻知己，百里千村共睦邻。　　流水澈，动枢新，世间风物尽修身。天长地久清泉涌，从不粗狂自可人。

【词意】

　　借一杯醇酒，老朋友相逢，相互交谈起来特别亲热。凝思那日夜奔流、没有忧愁的襄江，就让人想到需要远离迷惑，不要在错误的航道上行舟。既希望在五湖四海能够遇到知己，更希望在百里千村能让乡亲们和谐相处。

　　流水不腐，动枢常新，世间的风光景物，都十分注意修身养性。你看那一泓清泉，与天地一样长久，从来只是静静地流淌，从不粗暴狂妄，总让人感到清凉可口，意味深长。

鹧鸪天
秋 望
（1998年10月）

碧水青山落日圆，短亭歇客玉盘悬①。朱颜莫叹春芳老，华发犹思秋菊繁。　　红叶树，白云莲，长郊劲草问霜天。一年佳景秋光好，诗赋橙黄橘绿篇②。

【注：】

①短亭句：参见第18页《鹧鸪天·立秋即事》注释。玉盘：指月亮，李白有"小时不识月，呼着白玉盘"诗句。

②下片后两句系化用苏轼《赠刘景文》中诗句："一年好景君须记，最是橙黄橘绿时。"

【词意】

又红又圆的夕阳，照着碧水青山，依依不舍地落去。归途中的旅客，在沿路的长亭短亭歇息时，仰望着那初升的明月，更有所思。人生在青春年少时，不要去感叹春光易老。但在华发满头、美人迟暮的时候，还是应该从枝繁香清的菊花那里，得到有益于身心健康的启迪。

霜木上的叶子红了，白云下的莲花仍在吐艳。举步长郊，凝望葱郁的劲草，仰问霜天：一年最好的景色是什么时候呢？应该说是收获的秋季。我们要用诗篇来吟诵黄橙绿橘，因为它们代表着丰收的喜悦。

鹧鸪天
与友人共勉
(1998年10月)

自古人生读五经①，仁和忠恕寸心明。粗茶话别休垂泪，浊酒相逢莫问名。　　忘上下，对阴晴，南山漫步一身清。夜阑风静思明月，圆缺无情更有情。

【注：】

①五经：即"四书五经"。"四书"系指《大学》、《中庸》、《论语》、《孟子》；"五经"系指《诗》、《书》、《礼》、《易》、《春秋》。均系儒家经典。

【词意】

自古以来，人生崇尚学习四书五经，追求仁和忠恕，心胸坦荡光明。如果怀有这样的理念，哪怕是用粗茶淡饭话别，也不要轻易落泪。就是一杯浊酒相逢，也不要问起功名利禄这些恼人的事情。

但愿能忘记地位的提高与降低，坦然面对人生的顺利与挫折。在南山漫步的时候，也会感到一身清爽。当夜深风静人也静的时候，仰望明亮的天空深思，想必会感悟到，那时圆时缺的明月，看起来好像很冷酷，其实却浓情脉脉啊！

鹧鸪天

春晓霁色

（1999年4月）

昨日缤纷昨日晴，夜来风雨闹三更。枝头余卉争新艳，路上残红了旧情。　　芳草密，柳丝轻，水天一色画中行。脱巾漉酒人酣卧①，嫩翠腾欢百鸟鸣。

【注：】

①脱巾漉酒：典出南朝梁萧统《陶渊明传》：陶渊明嗜酒，"郡将尝候之，值其酿熟，取头上葛巾漉酒，漉毕，还复著之。"喻嗜酒。

【词意】

昨日天气晴朗，呈现出五彩缤纷的景色。不料夜间三更时分，突然来了一场风雨，让枝头的花朵零落了不少。但是，风雨过后，树上的芬芳，却又开始了新一轮的争妍斗艳。只是路上的落红，似乎完全了却了昔日的旧情。

然而，芳草茂密葱郁，杨柳嫩柔滴翠，完全是一番水天一色的清新景象，犹如在画中行走。此时，美景佳酿更是催人畅饮，酣卧之中似乎感觉到，雨后青翠欲滴的枝叶在风中欢腾摇曳，树上的百鸟也在清晨放声歌唱。

鹧鸪天

访孟浩然故居

（1999年5月）

千里迢迢拜鹿门①，寺前景色一时新。青山励志心思远，白马传经草木珍②。

江汉韵，浩然魂，田园诗趣卧松云。劝翁把酒黄泉醉，身后何人不识君。

【注：】

①鹿门：即鹿门山或鹿门寺，位于湖北省襄樊市襄阳区境内，系孟浩然旧居。

②白马传经：或称"经传白马"，典出北魏《洛阳伽蓝记》："白马者，汉明帝所立也。佛入中国之始。……帝梦金神，长六丈，项背日月光明，胡神号曰佛。遣使向西域求之，乃得经像焉。时以白马负经而来，因以为名。"常用来咏佛经寺庙等。

【词意】

千里迢迢来拜访孟浩然的旧居鹿门寺，寺前的景色葱郁，给人一种别开生面的清新感觉。周围的青山激励着人们胸怀远大，让人想起诸葛亮"志存高远"的名言。山上的草木茂盛珍奇，似乎在诉说着历史上"白马传经"的故事。

奔流不息的汉江，其韵味无穷。田园诗人孟浩然的魂梦，其寓意深远。身居青山田野，面对苍松白云，让孟浩然激发出特别的诗情画意，为后世留下了许多不朽的诗篇。此时此刻，真想告慰孟浩然的在天之灵，虽然他生前并不得志，但身后他的诗作却流传于世，广受赞誉，所以，他的英灵应该痛快淋漓地把酒畅饮，含笑酣卧于九泉之下了。

鹧鸪天

初冬即兴

(1999年11月)

　　白草柔情卧暮天,黄橙硬骨立苍山。菊残月下香犹在,荷断泥中心未寒。　　云梦泽,汉江边,饱经霜冷几回迁①?枝头风色时时变,岭上霞光日日欢。

【注:】

　　①云梦泽与汉江边:古代云、梦为二泽,在今湖北境内的汉江南北,江北者为云泽,江南者为梦泽。这里系泛指汉江流域。

【词意】

　　冬天的傍晚,经霜泛白的草坪,正柔情脉脉地安卧在大地上。挂满黄橙的果树,展现出铮铮硬骨,傲立于苍山之上。菊花虽然凋谢,但明月下犹可闻到她的芳香。莲荷虽然有些衰老,但泥池中的莲藕虚怀若谷,心里始终不觉寒冷与空虚。

　　云梦古泽,汉江之滨,饱经过多少霜风冷月,但又有几回改变过自己的追求呢?尽管枝头的风色会经常改变,但岭上的霞光却总是那样鲜红不败,天天乐观。

鹧鸪天
乡 村 见 闻
（2000年3月）

燕子轻飞报晓晴，书童横笛铁牛行。一枝红杏墙头闹，两只黄鹂树上鸣。　　油菜嫩，麦苗青，漫山遍野问春耕。忙人不抢芬芳味，碧影清波柳眼明。

【词意】

燕子轻轻地来回飞舞，向人们报告晓天晴朗。一位学生坐在拖拉机上，漫不经心地吹着竹笛。一枝红杏傲立墙头，含苞欲放。两只黄鹂也在树上自由地鸣叫。

油菜嫩绿，麦苗青青，人们都在漫山遍野忙着春耕。劳碌的人们呀，哪有时间去争相观赏与评判百花的芬芳啊！而工作之余的小憩，那一刹那悠闲的心境，就象新绽的柳芽，格外自在碧绿，飘逸的心绪随着杨柳的疏影在清波中荡漾。

鹧鸪天

下乡感怀

（2000年5月）

一野朝霞一野红，千堤杨柳舞东风。欲教田地无缁鼠，该让乡村有碧空。　　行百里，问"三农"，名缰利锁害人虫。清心相许荆山月，面壁寻思慕劲松①。

【注：】

①荆山：位于湖北省襄樊市境内。面壁句：系化用菩提达摩面向墙壁、端坐静修的故事。

【词意】

一野朝霞，一野彤红。走在江河湖泊的堤防上，杨柳碧绿，丝绦在东风中飘舞。真想将田间地头黑老鼠之类的害虫消灭干净，进而让美丽的乡镇村庄永远有碧蓝的天空。

走遍百里乡村，问及"三农"事宜，需要惩处那些被名利驱使的害群之马。将清心许给荆山的明月吧！感悟达摩面壁修行的故事，经常注意修身养性，则更加仰慕那苍劲挺拔的不老松。

鹧鸪天
久旱逢雨
（2000年8月）

遍地禾苗遍地蔫，旱魔有愧害人间。长渠引水浇千顷，茧手扶犁啸九天。　　明月隐，爽风还，农家岁月问桑田。欲求霄汉增云气，但愿雷公挂雨帘。

【词意】

老天爷久未下雨，遍地的禾苗全都干枯了。旱魔如此作恶，太有愧于人间了。但世人却从来就没有在自然灾害面前低头屈服，而是筑起长渠，引水抗旱，浇灌千顷干枯的庄稼，并且用长满老茧的手扶犁打耙，与天抗争，力争抗灾夺丰收。

夜晚，一轮明月渐渐隐去，一阵凉风也随之而来，天空出现了下雨的迹象。这场雨关系到农作物的收成，影响着农家的生计。人们多么希望苍天能增加云朵的雨色，期盼雷公能早点将雨帘挂出，让久旱的庄稼尽快解除干旱之苦啊！

鹧鸪天
空中旅怀
(2000年9月)

千古骚人扬玉鞭,为何总是唱阳关①?只缘寄语胡天远,更是怀忧蜀道难②。　穿万水,踏千山,而今天堑不须鞍。地球村上时空小,南北东西一日还。

【注:】

①阳关:典出唐·王维《渭城曲》:"渭城朝雨浥轻尘,客舍青青柳色新。劝君更饮一杯酒,西出阳关无故人。"此诗被谱曲传唱,称为"阳关三叠",多作为抒发送别之情。

②胡天:在古代系指边塞地带,如王维《使至塞上》就有"胡天八月即飞雪"诗句。蜀道难:系化用唐·李白《蜀道难》中诗句:"蜀道之难难于上青天。"

【词意】

千古诗人词客扬鞭跃马走向远方边关的时候,为什么总是在离别之际,吟唱那充满离愁别绪的《阳关》曲呢?这恐怕是由于既担心遥远的边城书信来往困难,更担心沿途的道路十分崎岖危险。

而今不用骑马,坐上飞机就能踏遍千山万水,天堑变通途了。庞大的地球犹如一个大村庄,整个世界的时间与空间都大为缩小了。只消一天时间,就可以飞越地球的东西南北。

鹧 鸪 天

暮 秋 寄 怀

(2000年11月)

一叶秋声万木思,橙黄橘绿正逢时。心怀淡泊渊明传,手捧清新杜甫诗①。　颜易老,箭难追②,霜荷寒菊总相知。劝君莫惜金丝鸟,换得耕牛拥翠微③。

【注:】

①渊明:即晋代陶渊明。

②箭难追句:化用"光阴似箭,日月如梭",意为光阴流逝,不可挽留。

③翠微:指青翠的景象。如杜甫《秋兴》中诗句:"千家山郭静朝晖,日日江楼坐翠微"。

【词意】

暮秋时刻,秋风吹落树叶的声音,让千树万枝充满离绪。而此刻,橙正黄,橘正绿,恰逢其时。所以,在这深秋时节,不要老是发出悲秋之声。完全可以怀着淡泊之心,呼吸清凉新鲜的空气,好好读取陶渊明的传记与杜甫的诗篇。

光阴流逝,容颜易老,历经霜寒的莲荷与菊花对此更是情有独钟。但愿世人不要吝惜金丝鸟之类的宠物,倒不如用它们换取一头耕牛,躬耕山野,让碧绿洒满人间。

鹧鸪天

南 漳 行①
(2001年4月)

一路云林雾气升,烟中景色半分明。旧红欲歇何须送,新绿将肥莫失迎。　　山里转,雨中行,浅溪深涧涌涛声。枝头霁色生风韵,看似无情更有情。

【注:】

①南漳:即南漳县,系湖北省襄樊市所辖的一个山区县,有八百里南漳之称。

【词意】

一路穿行于南漳山区,与云天相接的层林,被烟云笼罩着。这时的景色时隐时现,时暗时明。快要凋谢的残花想要歇息了,哪还需要为它们送行呢?只是那些新的绿色很快就会枝繁叶茂,可不要忘记欢迎它们啊!

在山路中盘旋,在风雨中行进,浅浅的溪水与那深深的涧流,还不时传来汹涌的涛声。经过风雨洗礼后的枝叶,梢头青翠欲滴,别有一番风韵,看上去好像没有情感,似乎又更充满着感情。

鹧鸪天
夜读即事
（2001年9月）

独倚栏杆不夜天，一轮明月照无眠。四方松竹生风骨，万卷诗书读圣贤。　　文不老，纸虽残，犹如泉水润心田。品尝字里行间味，常道为人处世难。

【词意】

夜深人静，一轮明月高照。难以入睡之人，独自靠着栏杆，面对着这不夜之天眺望沉思。四面八方的苍松与翠竹，象征着品德高尚者的品格节操。从万卷诗书中，我们可以领会到许多志士仁人的顽强意志与崇高精神。

尽管书籍的纸张已很陈旧了，但是，书中的那些文章却永远不会过时。读着它们，好像那涓涓细流滋润着心田。如果透过字里行间去仔细品尝其中的含义，似乎总在教导人们，在世间如何立身处世不是一件容易的事啊！

鹧鸪天

秋日观荷

（2001年10月）

阔别春华不畏寒，一花无虑远争妍。清风吹澈千湖水，烟雨催凉万仞山。　　荷叶落，藕丝连，举头明月照秋莲。虚心根在深幽处，醉卧情披乐令天①。

【注：】

①乐令天：典出《世说新语·赏誉》，喻人风神朗澈，或借指云开天晴。如唐·骆宾王《冬日宴》："赏洽袁公地，情披乐令天。"

【词意】

莲花告别了春天的芬芳，痴情相许秋冬时节，全不畏惧秋霜冬寒。它远离了百花之间的争妍斗艳，更无忧无虑。一阵清风吹拂，千湖之水因之而澄澈透明。一场秋雨过后，万仞山峰弥漫着阵阵凉气。

随着季节的变化，荷叶会渐渐落去、藕丝却紧紧相连。举头望去，明月照着秋天的莲花，格外鲜艳。莲藕虚怀若谷，深深地扎根荷塘深处，犹如醉卧的神物，令天地感动。

鹧鸪天
荆 山 行①
（2002年4月）

欲谢东君造化功②，无边碧绿尽青松。漫天草木连阴雨，满树梨花唤彩虹。　　迷望眼，断行踪，山长水远午烟浓。拨开云雾千株碧，一阵涛声一阵风。

【注:】

①荆山：即荆山山脉，位于湖北省襄樊市境内。

②东君：参见第8页《鹧鸪天·春山即兴》注释。

【词意】

行进在荆山深处，所见到的都是青松那无边无际的碧绿景色。我们要好好地感谢司春之神——东君给人间带来的盎然春意。漫山遍野的草木连着阴雨，那悠然绽放的梨花，似乎是在无声地呼唤，希望雨过天晴、彩虹飞架。

午时烟雾笼罩，遮住了双眼，让人看不清前面的道路。迷茫之中，尤感山路曲折盘旋、流水潺潺声远。但一阵春风吹来，将雾云吹散，松涛万顷，千万株青松又露出了碧绿的容颜。

鹧鸪天
别 襄 樊
(2002年6月)

来去匆匆上下鞍,一腔热血寸心丹。细斟北斗酬江月,诚借东风绿岘山①。　　无后悔,有前言,但求进取不求全。时光若计功和过,自信清廉未敢闲。

【注:】
①岘山:位于湖北省襄樊市襄城区,著名的"羊公碑"(也称"堕泪碑")就耸立在这座山上。

【词意】
从下马安家,到上马告别,襄樊之行,来去匆匆。但无论是留还是走,都是一腔热血,耿耿丹心。凝望北斗,小心翼翼地斟酌事情,以报答襄江明月。凭着赤胆忠心,借来强劲的东风,让岘山郁郁葱葱。

没有丝毫的悔意,那是因为有言在先,也就是当初就确立了只追求开拓进取,而不追求十全十美的理念。若是让流逝的时光来做评价功与过的话,那么,可以十分自信地说,自己是一位清正廉洁,对工作不敢懈怠的人。

鹧 鸪 天
江 上 即 事
（2002年7月）

万里长江走白虹，一波低谷一波峰。云烟浮动清樽里，鸥鹭飞鸣急浪中。　横短笛，驾长风，流霜溅雪荡心胸。旧时明月新时事，莫负苍天造化功。

【词意】

在万里长江上乘船航行，看见江涛犹如一条白色的长虹，不断曲曲折折地向前行进，时而呈现波谷，时而展示波峰。如果在船上把酒，则天上烟云可以在澄清的酒杯中浮动，鸥鹭也会在湍急的浪涛中飞翔鸣叫。

吹着短笛，驾着长风，白色的浪涛如霜似雪，激荡着心胸。明月还是往时的明月，却映照着新的时事。苍天创造了世上万物，我们可不能辜负它的那一片良苦用心啊！

鹧鸪天

怀孟夫子①

（2002年9月）

好个闻蝉但益悲，一丘三径费何资②。虽愁当路谁相假？莫憾知音世所稀。　　长短句，古今诗，修身养性顺天时。何言欲济无舟楫③？长叹先生未自思。

【注：】

①孟夫子：即孟浩然，李白《赠孟浩然》诗句："吾爱孟夫子，风流天下闻"。

②闻蝉但益悲句：系化用孟浩然《秦中感秋寄远上人》中诗句："日夕凉风至，闻蝉但益悲。"一丘三径费何资句：系化用孟浩然《秦中感秋寄远上人》中诗句："一丘常欲卧，三径苦无资。"

③欲济无舟楫：系孟浩然《望洞庭湖赠张丞相》中的诗句："八月湖水平，涵虚混太清。气蒸云梦泽，波撼岳阳城。欲济无舟楫，端居耻圣明。坐观垂钓者，徒有羡鱼情。"

【词意】

孟浩然在《秦中感秋寄远上人》诗中所说的那些话，恐怕也并非都是心里话，"闻蝉但益悲"也只能是无奈之语。难道说真是"一丘常欲卧，三径苦无资"，也就是说，是苦于无钱维持隐居生活才北上谋求仕途的吗？应该说"一丘三径"的隐居生活是花不了多少钱的。其实，孟浩然追求仕途的想法由来已久，其诗《望洞庭湖赠张丞相》中"欲济无舟楫"等诗句就是佐证。对于孟浩然来说，虽然他为最终无人帮他实现做官的愿望而忧伤，但却不应该有知音稀少的遗憾，因为他的才华已是"风流天下闻"。

孟浩然的经历表明，赋诗填词，博古通今，都应该注重修身养性，顺应天时。不要像他那样徒然发出"欲济无舟楫"的兴叹。而今缅怀孟夫子，真为之遗憾。

鹧鸪天

重阳怀旧

(2002年10月)

霜叶秋风似有神,层林早染尽忠仁。东边日出西边雨,南斗情疏北斗亲。　　新白发,旧黄昏,盛开芳菊更销魂。相逢莫唱阳关曲,遍插茱萸思故人①。

【注:】

①阳关曲:参见第36页《鹧鸪天·空中旅怀》注释。怀故人句:系化用唐·王维《九月九日忆山东兄弟》中"遍插茱萸少一人"诗句。其中,"茱萸"是一种植物,按照传统风俗,重阳时节将这种植物插在身上可以避邪。

【词意】

霜叶与秋风凝聚着无限的神韵。你看那层林的树叶,早早就染上了霜秋的色彩,以向世人展示自身的忠诚与仁爱。也许东边日出的时候,西边却在下雨;与南斗疏远的时候,却与北斗亲密,这些都说明道是无情却有情的道理。

头上的白发是新添的,但黄昏却无休止地轮回往返,那盛开的芳菊啊,更是催人销魂。重阳节老朋友相逢,但愿不要再唱王维"西出阳关无故人"的《渭城曲》。让我们都按传统习俗插上茱萸吧!这时候却又像王维诗中"遍插茱萸少一人"那样,对未来相聚的朋友,寄去思念之情。

鹧鸪天

秋日偶怀

(2002年11月)

鹤发童颜问秘方?赋诗茅屋品琼浆①。声喷霜竹千年碧②,目极寒松四季苍。　临晚镜,照斜阳,东篱采菊一身香③。孙登啸咏逢知己④,流水从容向海洋。

【注:】

①赋诗茅屋:典出唐杜甫《巳上人茅屋斋》诗:"巳公茅屋下,可以赋新诗。"意思是说巳上人的茅屋下,环境虽然清贫,但风雅幽美,能引发人的诗兴。

②声喷霜竹:指吹竹笛。喷读"pēn"。

③东篱采菊:系化用晋·陶渊明《饮酒》中诗句:"采菊东篱下,悠然见南山。"

④孙登啸咏:典出《晋书》卷四十九《阮籍传》,阮籍曾与隐士遇于苏门山(位于今河南省),因孙不与语,阮籍退至半岭,听到孙登所作声如鸾凤鸣声的长啸。

【词意】

如果问鹤发童颜的秘方是什么?那就是乐于清贫,吟诗作赋,品尝美酒。吹奏竹笛时,想想霜竹为什么千年碧绿?极目松林时,想想寒松为什么四季苍翠?这不正是在于它们的清心寡欲与悠然自在吗!

傍晚临镜自省,对着斜阳反思,东篱采菊满身清香。像古人孙登那样,登高吟咏,欣逢知己,就好像高山流水觅知音,并看那流水从容不迫地流向大海。

鹧鸪天

汉水渡头①

（2003年7月）

暑色晴光草木遒，紫薇怒放女贞悠②。莫言鞍上扬鞭响，难得碑前堕泪流③。　临汉水，倚城楼，大江东去忆源头。蓦然西望情思涌，千古隆中岁月稠④。

【注：】

①汉水渡头：系指汉水襄江渡头。

②紫薇：即紫薇花，系湖北省襄樊市市花。女贞：即女贞树，系湖北省襄樊市市树。

③堕泪流句：系化用"堕泪碑"典故，该典出自《晋书》卷三四《羊祜传》，系为纪念晋代名将羊祜镇守襄阳时的功绩而建。

④古隆中：位于湖北省襄樊市襄阳区内，系当年诸葛亮躬耕读书的地方。

【词意】

夏天烈日高照，草木遒劲，满城的紫薇花竞相怒放，遍地的女贞树悠然久长。面对此景，不必谈起当年扬鞭跃马之事，而要光顾纪念羊公的堕泪碑，学习他为人处世的高尚品德。

伫立城楼，直面奔腾向东的汉水，遥忆那渊远流长的汉江源头。举目西望，突然心潮滚滚，古往今来，位于汉水南岸的古隆中，度过了多少峥嵘岁月啊！

鹧鸪天

灯下寄语

（2004年4月）

半夜风声咋落花？一窗明月问诗家。虽言世事匆如梦，莫怨人情薄似纱。　　迎旧雨①，煮新茶，休将烦恼付年华。但教名利休缰锁，更让心扉照晚霞。

【注：】

①旧雨：参见第20页《鹧鸪天·夜思》注释。

【词意】

半夜时分，皓月当空，不知何故突然间风声骤起，将遍地的芳枝吹谢。那正照着书窗的明月，似乎是在问及诗家。虽然说岁月匆匆，世事如梦，但却不要埋怨世间人情薄似轻纱啊！

欢迎老朋友的时候，总是将上等的新茶煮好奉上。相互交谈的时候，请不要将那些多余的烦恼，付给不断流逝的年华。人生在世，需要解除名缰利锁，只有这样，才能让心房敞开，沐浴那灿烂的晚霞。

鹧 鸪 天

感受"世外桃源"

（2004 年 8 月）

世外桃源一钓蓑，等闲曲直对飞梭。流霞不恋抛书卧，明月难辞随手捋。　慵打理，懒挪窝，醒时研读醉时歌。无人真解刘伶乐①，只怪难言风与波。

【注：】

①刘伶：典出《世说新语·任诞》，刘伶为古代名士，号称"七贤"之一，嗜酒过度。

【词意】

拿着一根鱼竿，披着一件蓑衣，来到一个名为"世外桃源"的地方垂钓。在这里，面对流逝的时光，完全不在乎一些往事的是非曲直。同时，也不迷恋美丽的霞光，累了就抛开书卷，席地而卧。独自沐浴着明亮的月光，让人流连忘返，进而情不自禁地将它抚摸。

既懒得梳妆打扮，也懒得变动环境。清醒的时候可以精心研读，而半醉之时，则可以尽情地赋诗吟唱。为什么说没有人能够真正理解古人刘伶的快乐呢？这是因为除非亲身体会，很难说清楚那些有形或无形风波所带来的烦恼。

鹧鸪天

怀杜甫

(2004年10月)

当世谁知杜少陵①?可怜身后目难瞑。诗中圣哲三川晓②,笔底波澜四海惊。　　天北缺,日东生,锦官城外草堂明③。放歌纵酒吟天下④,读史犹闻子美声。

【注:】

①杜少陵:杜甫字子美,又称杜少陵。

②三川:即四川,古代很多地方都有分东、中、西三地的说法。

③天北缺:出自女娲补天的神话传说,即上古女皇女娲见天不满西北,故炼石以补之。锦官城:系成都的别称,杜甫草堂位于成都老城之郊区。

④放歌纵酒句:杜甫《闻官军收河南河北》中有"白日放歌须纵酒"诗句。

【词意】

纵观杜少陵的一生,少年时期意气风发,青年时期官场失意,壮年时期颠沛流离,老年时期生活凄惨。所以,我们说他在世时有谁能真正了解他呢?后人真为杜甫而婉惜,或许他自己也是死不瞑目。杜甫作为诗圣而闻名天下。他的诗犹如历史的长卷,让四海惊叹。

天空的西北虽有缺陷,但太阳却从东方升起。位于成都城外的杜甫草堂格外明亮,令人神往。杜甫满怀浪漫主义的激情,举杯痛饮,放声高歌,畅吟天下。至今,我们翻阅杜甫那"贯穿古今"的"诗史",似乎还可以听到杜子美不屈不挠的吟啸声。

鹧鸪天
读书感怀
(2004年12月)

莫费时光叹落花,但游学海拼年华。书中自有清心剂,身上终无嗜欲嗟。　朝露净,夕阳斜,晓吟残月晚吟霞。黄昏不作闲情赋,学足三冬涉百家①。

【注:】

①闲情赋:典出晋·陶潜《陶渊明集》卷五《闲情赋序》,叙写赋中人对所爱者的思慕之情,以及对爱情失意的担心。后人常用此典赋咏爱情或闲情逸致。学足三冬:系化用"三冬学"典故,该典出自《汉书》卷六五《东方朔传》,说西汉东方朔有"三冬文史足用"语。后世遂用作勤学苦读的典故。

【词意】

不要浪费时光,去感叹流水落花,而应遨游学海,只争朝夕。书中自有清心养性的良药,进而让身上永远没有其他不良的欲望与嗜好。

拂晓,望着残月吟诵,感悟那纯净的晨露;傍晚,沐浴晚霞吟诵,体会那温情的夕阳。特别是面对黄昏时分,更应想到时间的宝贵,不要无所事事,在那些闲情逸致上浪费时间,而应该抢抓时光,努力学习诸子百家的智慧。

鹧鸪天

炎帝故里

（2005年3月）

炎帝神农古洞阴①，拓荒尝草呕丹心。悬崖峭壁功无量，沧海桑田人有情。　　寻帝迹，听龙吟，千年文化觅先声。烈山幽秘凝思远，姜水灵奇润物清②。

【注：】

①古洞：系指神农洞，相传是神农当时居住的地方。

②烈山：即神农故里所在地，也称厉山；姜水：系指神农故里旁边的姜水河。

【词意】

拜访炎帝故里，走进古老而阴森的神农洞，传说是当年炎帝居住过的地方。可以想象，在那么艰苦卓绝的环境里，炎帝神农锐意拓荒，尝尽百草，其丹心可昭日月。炎帝神农为了人间的生存与发展而攀崖爬壁，功德无量。如今沧海桑田，世事变迁，但人间对炎帝的怀念之情却是永远与真诚的。

追寻炎帝的足迹，聆听炎帝的教诲。数千年来的文化，需要不断发掘，先声夺人。炎帝故里的所在地——烈山，是一块幽静而神秘的土地，这里凝聚着很多遥远而深邃的思考。流经炎帝故里的姜水河，也充满着灵性与神奇，它滋润着流域万物，让它们清秀可人。

鹧鸪天

老来酒怀

（2005年8月）

漫漫人生万里行，茫茫归路短长亭①。莫愁拂晓笼晨雾，但喜黄昏倚晚晴。　樽壮语，俎轻声，玉壶天地似传神②。恩恩怨怨杯中尽，老酒无情更有情。

【注：】

①短长亭句：参见第18页《鹧鸪天·立秋即事》注释。

②樽：古代盛酒的器皿。俎：古代盛放食品的器皿。玉壶天地：系化用唐王昌龄《芙蓉楼送辛渐二首》其一中的诗句："洛阳亲友如相问，一片冰心在玉壶。"

【词意】

虽然说人生的旅途，常常有万里之遥，但最终都会沿着短亭与长亭踏上归途。不要担心拂晓时分烟雾笼罩，却喜欢黄昏时分晚霞明朗。

杯酒相逢，时而豪言壮语，时而轻言细语，但那"玉壶冰心"的时刻，似乎特别传神。人生旅途上的一些恩恩怨怨，可以在饮酒中得到化解。所以说，那一杯杯老酒看起来似乎没有感情，但细品起来却又充满着无限的情感。

鹧鸪天

重阳节述怀

(2005年9月)

华发情怀思念长,孟嘉落帽笑重阳①。白云渡口飞鸥鹭,红藕湖边忆故乡。　　荷叶绿,菊花黄,烟波钓叟对苍茫。人生难得忘机友,欲采茱萸寄庾郎②。

【注:】

①孟嘉落帽:典出《晋书·孟嘉传》,指性格潇洒,气度不凡。如唐独孤《九月九日李苏州东楼宴》:"风前孟嘉帽,月下庾公楼。"

②忘机友:系化用"忘机"典故,指淡泊宁静,毫无机巧的朋友。如唐李商隐《赠田叟》:"鸥鸟忘机翻浃洽,交亲得路昧平生。"

茱萸:参见第45页《鹧鸪天·重阳怀旧》注释。庾郎:系指南朝齐庾杲之。杲之虽家境贫寒但具有良好的道德风范。

【词意】

重阳时节,如同当年孟嘉一样,白发潇洒,激情满怀,思念深长。在蓝天白云底下,渡口飞着鸥鹭;在红莲碧水湖边,思念飞向故乡。

远远望去,似乎看见一位老者在烟波上泛舟垂钓,直面绿色的荷叶与黄色的菊花,凝望着苍茫的大地。人生一世,难得结交崇尚淡泊、不玩心计的朋友。值此重阳佳节,更怀念像古人庾杲之那样乐于清贫的朋友。所以,多么想按照传统习俗,采摘一束茱萸寄给他们啊!

鹧鸪天

金秋漫兴

（2005年10月）

草木葱茏客畅游，相逢荆棘莫伤头。无求干事终无忌，不怨随缘定不愁。　　吟白菊，赋黄牛，一腔热血洒金秋。临风把酒心清静，落木轻松竞自由。

【词意】

金秋十月，草木茂盛，游客可以尽情欣赏清秋的景色风光。若是遇到一些荆棘杂草，也应注意不要伤及身心。为人处世，只要不把个人的欲望掺杂在一起，干起事来就不会有所顾忌。崇尚随遇而安，无怨无悔，也肯定不会产生那些多余的忧愁。

让我们通过吟诵白菊与黄牛，来学习它们高尚的精神品格，进而将我们的一腔热血洒向金秋大地。这样，我们就会怀着一颗清静的心面对秋天，把酒临风，抖擞精神，像树木落叶那样卸下包袱，自由自在地享受金秋的多彩时光。

鹧鸪天
《一代廉吏于成龙》观感
（2005年10月）

二品高官缺酒钱，寒衣典尽铸清廉。罢官还犊谋公道①，裂胆披肝解众难。　　黄叶树，白头颜，为民请命赤心悬。东篱采菊归乡土，淡泊何求负郭田②。

【注：】

①罢官还犊：典出《三国志·魏志·常林传》裴松之注引《魏略》，指为官清正廉洁。如清吴汝纶《题姚伯山木叶庵图》："请剑除奸前日事，罢官还犊去时恩。"

②负郭田：典出《史记》卷六十九《苏秦列传》，指赖以谋生的田产。如唐骆宾王《畴昔篇》："只为须求负郭田，使我再干州县禄。"

【词意】

于成龙位居二品高官，却缺钱买酒。为了养家糊口，居然连御寒的衣服都典当了，为世人展现出清正廉洁官吏的光辉形象。正如"罢官还犊"典故所提倡的那样，当官需要为人正直，披肝沥胆，为众人排忧解难。

树叶黄了，头发白了，容颜老了，但还是赤胆忠心，为民请命。虽然最终采菊东篱下，耕种故乡地，但仍然还是淡泊明志。至于有没有谋生的田地，那却是无所谓的事情了。

鹧鸪天

参观稻花香酒业公司①

（2006年6月）

极目山光接水光，千年老窖吐芬芳。晓乘银浪游高峡，暮举金杯酹大江。　　醇酒美，稻花香，提壶索句饱诗囊。清风明月陶人醉，身在他乡似故乡。

【注：】

①稻花香酒业公司位于湖北省宜昌市，已进入全国同业十强企业。

【词意】

放眼望去，层峦叠翠的群山风光，融入波涛奔涌的大江，稻花香酒业公司就坐落在这优美的环境之中。那千年老窖，喷发出沁人心脾的玉液芳香。早晨，乘着银色的波浪，畅游三峡水库，欣赏那雄伟的三峡大坝。傍晚又举着金杯美酒，来祭典我们的母亲河——滚滚长江。

畅饮稻花香美酒，诗情奔放。一边饮酒，一边赋诗，可感受古人斗酒诗百篇的豪放。这里的清风与明月，更是令人陶醉。此时此刻，虽然是身在他乡作客，但还是像在自己的家乡一样，山亲水亲人更亲。

鹧鸪天

中秋偶怀

(2006年10月)

今夜蟾宫宴桂花①,幽香缕缕透窗纱。白头梦里披鹏翼,红叶风中寄凤琶。　　山不断,水无涯,碧波垂钓泛渔槎。相逢畅饮新丰酒②,但借丹青染物华。

【注:】

①蟾宫:典出唐·袁郊《月》诗,系指月中宫殿,代指月亮。
②新丰酒:参见第20页《鹧鸪天·夜思》注释。

【词意】

中秋之夜,一轮明月悬挂在天空。在那株巨大的月桂树下,似乎在举办盛大的桂花宴,其缕缕幽香穿透千家万户的窗纱,给人间带来芬芳。夜阑入梦,白发老者在梦境中披上了大鹏的翅膀,欲飞向月宫。大地上的红叶也想托付秋风,远远地寄去激越悠扬的琵琶声。

在这美好的秋光里,苍山连绵不断,澄水一望无边,在那碧波荡漾的湖面,泛舟垂钓格外惬意。特别是新老朋友相逢,大家畅饮新丰美酒,希望能融天地之精华,让各色各样的颜料,描绘出五彩缤纷的景色。

鹧鸪天

读《卧牛吟草》[1]

——赠孙开洋先生

（2006年10月）

幽雅人生幽雅诗，卧牛吟草得天时。
骑驴索句皇姑岭，跃桨扬帆黄石矶[2]。
从互助，到相知，南湖碧水润强磁[3]。
东篱花圃犹三乐[4]，西塞文坛又一枝。

【注：】

[1]《卧牛吟草》：系孙开洋先生的诗集。孙开洋先生当年担任村支部书记，作者曾经工作过的黄石高等专科学校（现为黄石理工学院）就在该村的地盘上。

[2] 骑驴索句：典出宋孙光宪《北梦琐言》卷七，有"诗思在灞桥风雪中驴子上"的对话，常指吟诗。皇姑岭：地名，即黄石市团城山开发区皇姑岭村，系孙开洋先生家乡。黄石矶：地名，位于黄石市长江边。

[3] 南湖：位于皇姑岭，因湖底有磁铁矿，又称磁湖。

[4] 三乐：典出《孟子·尽心上》，系指人生三件快乐的事情。诗词中常用以表示欢乐自足的情怀。

【词意】

幽静而雅致的诗意人生，充分体现在这本名为《卧牛吟草》的田园诗集之中。"卧牛"逢盛世，诗歌唱天时，"皇姑岭"旧貌换新颜。回想当年，先生作为皇姑岭村的领头人，既有吟诗作赋的闲情逸趣，又有敢于拼博的奋斗精神，让皇姑岭村在黄石崭露头角，确实令人刮目相看。

由于工作的需要，我们之间的关系也不断发展，从开始工作上的相互帮助，到后来心灵上的彼此相知。我们所共同拥有的南湖碧水，正滋润着湖底下的强大磁场，也不断提升着这块热土的吸引力与凝聚力。当秋天来临的时候，采菊东篱下，吟诗南湖畔，是多么惬意啊！从此，以西塞诗社为代表的黄石文坛又多了一位新的诗人。

鹧鸪天

三秋偶怀

(2006年11月)

红叶无声似有声,枝头有语噪飞莺。三秋草木三秋味,一片枫林一片情。　　言老子,醉刘伶,东篱采菊读渊明①。孤山凭吊林和靖,茅屋长思杜少陵②。

【注:】

①老子:典出《史记》卷六三《老子列传》:"老子者……姓李氏,名耳,字聃。"刘伶:参见第49页《鹧鸪天·感受"世外桃源"》注释。渊明句:渊明即晋代名人陶潜、陶渊明。他有"采菊东篱下,悠然见南山"诗句。

②林和靖句:林和靖为北宋著名诗人林逋,他长期居住在杭州西湖孤山。杜少陵句:唐代诗人杜甫字少陵,他有古体诗《茅屋为秋风所破歌》。

【词意】

树上的红叶,看似无声,又胜似有声。飞莺有语,不停地绕着枝头鸣叫。三秋时节的草木必然带着三秋时节的韵味,每一片红叶枫林都包含着一片深情,不由自主地令人遐思。

老子的道德经,其哲学思想深邃;刘伶常好酒,促使他为人豪放疏狂;陶渊明淡泊明志,采菊东篱下,不慕名利而千古留名。这些古人的为人处世之道都值得今人借鉴。若来到杭州西湖的孤山,应该去凭吊曾经长期居住于此地的著名诗人林和靖。若看到古朴的茅屋,更应深切怀念《茅屋为秋风所破歌》的作者——著名诗人杜少陵。

鹧鸪天

马尔马拉海峡观光[①]
（2007年5月）

暮色涛声落照间，海天无虑对青山。葡萄美酒胸中暖，玉叶琼枝香蕊欢。　　文化异，语言难，古兰经里济宽严。东西先哲鸣千古，尤数和谐共管弦。

【注：】

①该海峡位于土耳其伊斯坦布尔。

【词意】

暮色苍茫，涛声依旧。在夕阳余辉之下，马尔马拉海峡空阔流长，无忧无虑地对着青山。畅饮葡萄美酒，心中格外温暖。漫山遍野花枝招展，芬芳馥郁可人，一派欢乐景象。

东西文化相异，语言交流也有困难，但西方所信仰的古兰经，其中的教义却也是宽严相济。这充分说明千百年来，东西方先贤们所推崇的文韬武略，都有着许多相似之处。特别是那追求社会和谐的乐章，是可以用东西乐器来共同演奏的。

鹧鸪天

明斯克晚宴[①]

（2007年5月）

芳草萋萋照晚空，轻歌美酒舞裙红。樽前击掌欢声动，座上持杯豪气冲。　　斟北斗，借东风，商机万里友情浓。抢争天下新机遇，长挂云帆碧海中。

【注：】

①是日，白俄罗斯官员在首都明斯克郊区的一处度假胜地，宴请湖北省政府代表团全体成员。

【词意】

晚霞垂地，芳草茂盛，在这环境幽雅的宴会上，轻歌漫舞，美丽动人。酒席间，主客双方相互鼓掌助兴，欢声雷动。座位上，大家举杯相敬，豪情满怀。

让我们用北斗斟满美酒，开怀畅饮吧！来到异国他乡，我们需要巧借东风，赢得商机，培育万里友情。放眼天下，抢抓机遇，将云帆高高升起，在波涛汹涌的沧海中乘风破浪吧！

鹧鸪天

从明斯克到布列斯特

(2007年5月)

牧草青青油菜黄,平坡风色壮牛羊。茂林遥寄千株碧,旷野轻飞百卉香。　　思浩渺,问苍茫,东西南北几多长?为何盘古开天地,就让乾坤分弱强?

【注:】

①明斯克与布列斯特,分别为白俄罗斯的首都与一重要城市。

【词意】

从明斯克到布列斯特,一路上草场碧绿,油菜金黄。舒缓的平坡上,牧草茂盛,羊肥牛壮。极目远望,茂密的森林,树高枝繁,郁郁葱葱。辽阔的原野,清香浮动,百花芬芳。

在旅途上,天空浩渺,思绪万千。欲问苍茫大地,从东到西、从南到北,到底有多长的路程啊?为什么自从盘古开天辟地,莽莽乾坤就有弱者与强者之分呢?

鹧鸪天

敬贺周坚卫先生六十华诞①

（2007年5月）

六十春秋岁月稠，新丰独酌不言愁②。清华桃李迎风雨，江汉晴光照石油③。　抬望眼，上层楼，长江万里击中流。白云深处思忠恕，黄鹤高端悟仲谋④。

【注：】

①周坚卫先生时任湖北省常务副省长。2007年5月14日至20日，他率团访问白俄罗斯，当月19日正值他六十大寿，全团为之庆贺，席间特填小词，以作纪念。

②新丰独酌：参见第2页《鹧鸪天·寄语挫折》注释。

③清华与江汉句：系指周坚卫先生毕业于清华大学，毕业后分配到位于湖北境内的中央企业江汉油田工作，并从这里走上领导工作岗位。

④忠恕：孔子的学生曾子说："夫子之道，忠恕而已"。仲谋：即孙仲谋（孙权）。

【词意】

六十年来，秋去春来，岁月峥嵘，就是遇上"新丰独酌"的逆境，也仍然心胸豁达，从不言愁。清华大学培养出来的优秀学子，能够经受住大风大浪的洗礼。沐浴着江汉平原的灿烂阳光，油田干部茁壮成长。

登上高楼，高瞻远瞩。畅游万里长江，敢于中流击水。人生犹如一朵白云，借宁静之处而修身养性，深刻领会儒家思想中的忠恕之道。好像一只黄鹤，凌空振翅，从不懈怠，以古今志士仁人为榜样，努力奋斗。

鹧鸪天

赠恩施朋友

（2007年7月）

千里硒都千里情,清江山水画中行①。故人今日逢时雨,美酒明朝浇嫩晴。　　文笔咏,武陵声,扬鞭跃马请长缨②。盐阳神女惊天地,继往开来白虎鸣③。

【注:】

①硒都:因恩施土家族苗族自治州许多产品富硒,故有硒都之美称。清江:系发源于恩施利川,流入长江的一条河流。

②武陵:恩施地处武陵山脉。请长缨:典出《汉书》卷六四下《终军传》,汉终军出使南越,他曾以长缨羁致为喻,表示必定说服南越王来降,后果如其言。后因以"请长缨"表示有理想者立志建功立业的典故。

③盐阳神女:是关于恩施土家族由来的美丽传说中的故事。白虎:即土家族的图腾。

【词意】

硒都恩施,清江澄澈,山青水秀,风景如画。在这样优美的山乡出行,犹如在画廊中欣赏美景,每一寸土地都包含着深情厚意。白天与老朋友结伴而行,盛夏的一场及时雨应运而遇。晚上,与老朋友把杯畅饮,希望美酒能够带来明天新的晴光。

吟咏恩施山水的诗词,反映了武陵儿女的心声。为了加快民族地区的发展,恩施朋友纷纷扬鞭跃马,奋力建功立业。古代盐阳神女在这片热土上的壮举惊天动地。当今恩施各族儿女继往开来,似猛虎下山,以更饱满的精神状态去创造新的辉煌。

鹧鸪天

风雨寄思

（2007年8月）

烟雨茫茫感悟多，绿蓑青笠笑沉疴①。黑云翻墨嘲红藕，白水抛珠戏碧荷。　　波浩渺，影婆娑，但求清静世间和。湖中明镜飞鸥鹭，月下瑶琴舞薜萝。

【注：】

①绿蓑青笠：系化用张志和《渔歌子》中词句："青箬笠，绿蓑衣，斜风细雨不须归。"

【词意】

面对茫茫烟雨，令人思绪汹涌。穿着绿色的蓑衣，戴着青篾做的斗笠，笑对狂妄之徒。乌云乱翻着黑墨，居然嘲笑红色莲花的鲜艳。暴雨投下的水珠，竟然戏弄碧绿莲荷的宽容。

雨后，波光浩渺，莲影婆娑。但愿一切风平浪静，世间之物能够和谐相处。湖面如同明镜一般澄鲜，白色的鸥鹭可自由地飞翔。在明月下与微风中，无忧无虑的薜萝，伴随着优扬的琴声翩翩起舞。

鹧鸪天

寄一位佛教大师

（2007年9月）

水墨云烟风色清，东方山上问高僧①。红莲养性生风韵，翠竹虚怀听鹤声。　　三叠曲②，一天星，无形因果不争鸣。菩提梦里情相许，聊赋禅诗寄客卿。

【注:】

①东方山：位于湖北省黄石市下陆区，山上有著名的弘化禅师。

②三叠曲：典出《苏轼文集》卷六七《题跋·书阳关第四声》，古时歌曲反复吟唱某句，称为"三叠"。

【词意】

东方山上，拜访高僧。天上的景色，如同水墨画那样，云烟淡淡，风色澄清。池塘里的红莲，似乎在修身养性，风韵无穷。山上虚怀若谷的翠竹，好像在聆听白鹤的飞鸣声。

凝望一天繁星，回想寺庙中那些反复吟唱的曲子，催人深思。佛教所说的因果关系，犹如大象无形，从不与人相争，却发人深省。夜阑入梦，隐约见到枝繁叶茂的菩提树，似有灵犀一点通。借着此时此景的禅意，赋上一首小诗寄给大师，以表达思念之情。

鹧鸪天
敬贺梁尚敏先生八十华诞
(2007年9月)

声洒梁园岁月新①，高山仰止拜忠仁。万千桃李酬天下，八十春秋励学人。　　槐市闹，杏坛尊，白云黄鹤问迷津②。过庭闻礼情思涌，立雪程门感悟真③。

【注：】

①声洒梁园：系化用"梁苑客"典故，该典出自宋谢惠连《雪赋》：谢惠连虚构了一个梁王在兔园与司马相如、邹阳、枚叔宴游赋雪的故事。后世因用作咏文人赏雪赋诗之雅事。这里，借其意说广大师生来梁家相聚。

②槐市与杏坛：参见第10页《鹧鸪天·初到武工黄石分院》注释。白云黄鹤：因唐代诗人崔颢的诗篇《黄鹤楼》中有"黄鹤一去不复返，白云千载空悠悠"的著名诗句，故"白云黄鹤"往往成为湖北省省会武汉市的代名词，或代指荆楚大地。

③过庭闻礼：典出《论语·季氏》，喻晚辈受师长教育。如唐薛奇童《和李起居秋夜之作》："过庭闻礼日，趋侍记言回。"立雪程门：典出《宋史·杨时传》，咏尊师重道。如清赵翼《梅花》之一："单身立雪程门外，素面朝天貌国姨。"

【词意】

欢聚梁园，相互唱和，大家充分感受到岁月的变化。先生忠于职守，崇尚仁义的思想品德，像高山一样崇高,世人无比敬仰。数以万计的学生遍及天下,是先生对社会的重大贡献。先生八十年来平凡而又辉煌的经历,正是激励学人的一笔宝贵财富。

学子享誉天下,是教师的成就、学校的荣耀。荆楚大地的很多人,还经常向先生请教问题。先生诲人不倦的精神,令难以数计的受教育者感动。那么多人怀着对先生的感激之情,真让人感受到师者人格的魅力。

流光情寄鹧鸪天

鹧鸪天

次韵赠刘文芳先生[1]

(2007年10月)

举目登高问碧峦,眉峰滴翠几回旋[2]?石山无虑溶溶月,林海多情淡淡烟。 芳草净,玉泉欢,锦囊诗草夕阳边[3]。刘伶把酒酬三乐,李白骑鲸啸九天[4]。

【注:】

①刘文芳先生系黄梅县人大老领导,他的词为《鹧鸪天·春上挪步园》:"日丽风和上翠峦,花浓树暗路盘旋。丛丛新竹摇晖影,团团春茶涌紫烟。山烂漫,水腾欢,红楼斜倚白云边。登高始觉胸怀阔,一片峥嵘别有天。"

②眉峰:系化用宋王观《卜算子》中"山是眉峰聚"词句。眉峰,即眼眉,由于眼眉蹙聚象征远处的山峰,所以称之眉峰。

③锦囊诗草:典出唐李商隐《樊南文集》卷八《李贺小传》,后世常用之表示寄情赋诗的生活乐趣。

④刘伶与李白句:刘伶:参见第49页《鹧鸪天·感受"世外桃源"》注释。三乐:参见第59页《鹧鸪天·读〈卧牛吟草〉》注释。这两句系化用明·于谦《醉时歌》诗句:"刘伶好酒世称贤,李白骑鲸飞上天。"

【词意】

登上高处,举目望去,遥问碧绿的山峦,如同"眉峰聚"的山峰,有多少盘旋的山道啊?铮铮硬骨的石头山,无私无畏无顾虑。皎洁的月光如水,由衷地洒满山头。那枝繁叶茂的林海,却情意缠绵,总是烟雾缭绕。

芳草洁身自好,玉泉清心腾欢。诗人沐浴着夕阳,赋诗填词,并像古人刘伶那样,把酒畅饮,常有"三乐"。酣梦之中,也可像诗仙李白那样,骑着长鲸,长啸九天。

鹧鸪天
赠退休同仁
（2007年10月）

浪静风平天地舒，津头归棹得宽余。且将竹杖酬三径，但愿冰心醉半壶①。

非到点，应如初，情披夕照对桑榆。登高赏菊寻幽趣，喜读人间种树书②。

【注:】

①三径：典出东汉赵岐《三辅决录》卷一。说汉时人蒋诩隐居乡里，宅院中辟三径，只同两个友人交往。晋·陶渊明在《归去来兮》用其事，以"三径就荒，松菊犹存"来描述自己归隐后的家园。半壶句：系化用杨牧诗句："人生难得千事满，且付痴心醉半壶。"借此诗意，湖北省大冶市劲牌酒业公司开发了一种酒，就叫做"半壶"。

②种树书：典出《史记》卷六《秦始皇本纪》，系指关于农业生产知识的书籍。后还借以咏隐居务农。如宋代陈文蔚《和赵忠州归耕赋》中诗句："壮年学易计非疏，晚读人间种树书。"

【词意】

风平浪静，天地舒畅。远航之舟，回到港湾。码头上的等候者，轮船上的归来者，大家都轻松愉快。回到故里，可以拄着竹杖，在长满松树与菊花的小道上尽情地散步，并永远怀着一颗光明磊落的"冰心"。不要妄求十全十美的人生，且无忧无虑地畅饮那"半壶"美酒吧！

不能说退休是到了终点，而应该像当初一样，继续保持着那么一股激情，披着夕照的光辉，仔细体会"莫道桑榆晚，为霞尚满天"诗句的含义。待到菊花飘香的时候，可以登高赏菊，享受那闲情逸趣。这时候也该放下一些包袱，让身心静下来，好好读一读人间关于如何种树的书吧！

鹧鸪天
棉田秋色
（2007年11月）

万顷棉田万顷秋，一花无艳远烦忧。干桃含笑邀明月，枯叶倾情卧浅沟。　　思切切，意悠悠，白头把酒唱丰收。何须尽日愁风雨，但愿舒眉垂钓钩。

【词意】

万顷棉田，漫天皆白，秋高气爽。你看那棉花，没有艳丽与娇气，却远离烦恼与忧愁。棉桃干了，白花绽放，笑容可掬，遥望明月。叶子虽然枯黄了，但仍然情深谊长，愿倾诉出全部感情，静卧在棉田的浅沟里，为增加棉田的肥力而献身。

老者凝望棉田，思绪起伏万千，心意缠绵久远。看到这番丰收的景象，不由自主地把酒高歌起来。有什么必要整天愁眉苦脸，担心风风雨雨呢？还是痛痛快快地垂钓湖边，享受自然吧！

鹧鸪天
木 芙 蓉
(2007 年 11 月)

一木秋姿压众芳,可怜诗笔画凄凉。风前冷艳邀红叶,霜后清芬沐紫光。 羞织女,醉牛郎,莫言总是菊花香。世间哪有无情树,喜娶芙蓉橘子黄。

【词意】

极目秋光,木芙蓉艳丽夺目,让许多争妍斗艳的春花汗颜。但是,实在是可怜古往今来的诗人词客,为什么在他们的笔下,要把秋天描绘得那么凄凉悲切呢?秋风来时,木芙蓉冷静的花姿,总是相邀万木红叶。清霜过后,木芙蓉幽静的芳香,总是沐浴着紫色的祥光。

木芙蓉美丽的容颜,让织女自叹弗如,让牛郎充满陶醉。请不要总是说秋天只有那菊花飘香啊!世间从来就没有无情的树木,那漫山遍野的橘子树,不就是因为它们高兴地迎娶了木芙蓉为伴,才会在秋天一身苍翠,橘子金黄吗!

鹧鸪天

莫愁湖畔即事①

（2007年11月）

诗客多情烂笔头，莫愁湖上亦工愁。飞鸟走兔伤圆缺②，流水飘花恸去留。　　吟白发，赋黄牛，镜中消瘦问缘由。为何莲藕从无恙？惟有虚怀别怅惘。

【注：】

①莫愁湖：位于湖北省钟祥市境内。

②飞鸟走兔：系指日月升降的自然现象。"乌"即"阳乌"，典出《春秋元命苞》，指太阳；"兔"即月兔，典出《董逃行》，指月亮。

【词意】

自古以来，许多诗人习惯于多情善感，总是用诗笔抒发离愁别绪。哪怕是在莫愁湖上，也还是将忧愁写得那么感人。见到太阳与月亮的升起与落下，也会为月亮时圆时缺而感伤无比。见到大江载着残春的芬芳流去，也会为去与留的问题而自生悲伤。

那些白头吟咏的诗人，常从镜中看到自己的消瘦。若是用心吟诵那些赞赏老黄牛精神的诗篇，就可以从中感悟出自己消瘦的原因。最为通俗的道理就是，为什么莲藕从来就没有一点忧愁呢？那是因为莲藕虚怀若谷，完全不在乎那些不愉快的事情啊！

鹧鸪天

怀姜夔①

（2008年元月）

商略黄昏雨后虹，洞前白石卧清空②。庾郎寒木悬冰艳，林逋孤山映雪红③。　　吴地客，楚人弓，淮南皓月客舟东④。百年身世千秋后，醇雅词风第一功⑤。

【注：】

①姜夔：字尧章，号白石道人，故称之姜白石，系宋代著名词人，长期往来于吴越一带。

②商略黄昏句：系化用姜夔《点绛唇》"商略黄昏雨"词句。洞前白石句：姜夔寓居湖州（今浙江吴兴），曾卜居弁山白石洞下，人称白石道人。

③庾郎：参见第54页《鹧鸪天·重阳节述怀》注释。林逋：参见第60页《鹧鸪天·三秋偶怀》注释。

④吴地客等句：姜夔当时的活动范围，古时属吴、楚等地。楚人弓句：典出《公孙龙子·迹府》："春秋时，楚共王打猎失弓，认为此弓虽失，无非落入楚人之手，不必找寻。后因作虽有所损失而自我宽解的典故。淮南浩月句：系化用姜夔《踏莎行》中词句："淮南浩月冷千山，冥冥归去无人管。"

⑤第一功句：南宋诗人杨万里称赞张南湖（张睖）、姜白石（姜夔）的诗篇中的前两联："尤萧范陆四诗翁，此后谁当第一功？新拜南湖为上将，更推白石当先锋。"

【词意】

　　黄昏时分，雨霁飞虹。那彩虹就像白石道人（姜夔）的文采，绚烂多姿。遥想当年，姜夔仰卧在白石洞前，面对着澄清的天空，就好比庾郎那样，虽家境贫寒，饱经酸楚，但还是像那不屈于严冬的寒木，绽放着洁白如玉的美丽冰花；又好像林逋独居孤山那样，红梅凌霜怒放，红艳照雪。

　　姜夔当时来往于吴、楚之间。他乘着一叶小舟，戴着淮南的一轮浩月，直面沿途千山的冷寂，独自黯然东归而去。像楚人失弓故事那样，虽然他的处境很苦，但却有得有失，让他"漫赢得一襟诗思"（姜夔词句）。这位词人百年之后，名垂千秋史册。他的词章所表现出来的清疏淡雅之风，被后世词坛推崇为醇雅词风"第一功"。

鹧鸪天

给京城湖北老乡拜年

（2008年2月）

律暖春回岁月新①，丹江碧水认乡亲。编钟一曲情长久，梆鼓三声义独尊②。　　黄鹤早，白云勤，千言万语寄同仁。今宵畅饮纱巾酒③，不愧苍天作楚人。

【注：】

①律暖春回：古时认为一年十二个月，春夏为阳气，秋冬为阴气，"阳"六个月称为"律"，"阴"六个月称为"吕"，春回大地，天气转暖称之为"律暖春回"。

②编钟：从湖北省随州曾侯乙墓出土的一种古代乐器。梆鼓：湖北省土家族的一种用圆木制成的民间乐器。

③纱巾酒：参见第30页《鹧鸪天·春晓霁色》注释。

【词意】

春回大地，天气暖和，一派新鲜景象。南水北调工程，将丹江水库的一湖清水调往北京。这些来自家乡的碧水更是有一种特别的家乡之情。古老的编钟乐曲，传递着天久地长的家乡情谊；具有湖北土家风情的梆鼓声，敲击出义重如山的雄壮节拍。

一年之计在于春，一生之计在于勤。来自"白云黄鹤"的故乡人，由衷地祝福家乡同仁努力奋斗，事业有成。今天晚上，大家欢聚一堂，痛饮家乡美酒，畅想当年陶渊明饮酒之事，应该一醉方休。相信大家都能够无愧于苍天，做一个堂堂正正的湖北人。

鹧鸪天

雪地感怀

（2008年2月）

玉兔多愁烟月忡，金乌无怨夕阳红①。西湖冰雪怀和靖，南岭梅花唱放翁②。　持浊酒，沐清风，新丰独酌也轻松③。银装素裹连天地，莫计高低四野空。

【注：】

①玉兔与金乌："金乌"系指太阳；"玉兔"系指月亮。如唐五代诗人韩琮有"金乌长飞玉兔走"诗句。

②和靖与放翁：和靖：参见第60页《鹧鸪天·三秋偶怀》注释。放翁：宋代诗人陆游自号陆放翁。

③新丰独酌：参见第2页《鹧鸪天·寄语挫折》注释。

【词意】

雪域天地的傍晚，红彤彤的夕阳，依依不舍地道别。夜色来临，月亮中的玉兔却多愁善感，招来云雾遮挡，忧心忡忡。看到这番景色，让我们想到西湖的冰雪，而怀念宋代诗人林和靖；想到南岭的梅花，而吟唱宋代诗人陆放翁。

痛饮一杯浊酒，沐浴一阵清风，即使是遭遇逆境，也要胸襟开朗，自强不息。极目望去，雪地万物，银装素裹，让天地相连。四面八方，境界空阔，何须计较孰高孰低呢？

鹧鸪天

春　游

（2008年3月）

三月春光绿映红，柔情寸草露芳容。花前香软疏疏雨，枝上寒轻淡淡风。　　杨柳岸，玉兰冲，山村水榭有无中。近闻紫燕思乡曲，遥望青山迎客松。

【词意】

阳春三月，春光明媚。在碧绿的枝叶中，映衬着初绽的红花。嫩绿的小草，柔情脉脉，展现出芬芳的容颜。面对着疏疏细雨，伫立在绽放的花前，品尝着一段清香。沐浴着淡淡凉风，寻思那树枝上的新芳，不会太冷吧！

抬眼望去，杨柳岸边，玉兰冲里，水榭与山村在轻雾的笼罩之下，若隐若现，催人遐想。近处，紫燕的鸣叫声，好像是一首思乡之曲。远方，屹立在青山之上的那株迎客松，更是耐人寻味，寓意无穷。

鹧鸪天

武陵山区行[①]

（2008年4月）

霁色天晴列岫春，绿肥红瘦点迷津。莼甘连苦匆匆客[②]，水远山长处处亲。　　文苑阁，武陵人，龙船古调入青云[③]。牛郎欲问人间事，织女凝眸岁月新。

【注：】

①武陵：即武陵山脉，是恩施土家族与苗族自治州的一条主要山脉。

②莼甘连苦："莼"系指莼菜，"连"系指黄连，均是当地特产。

③龙船古调：系指那首著名的恩施土家族民歌《龙船调》。

【词意】

雨后放晴，群山峻岭，一派春色。枝繁叶茂的碧绿景象，与稀稀疏疏的嫣红花朵相映，似乎有一种指点迷津的启示。莼菜甘甜，黄连味苦，都是过客匆匆。只有碧水青山，源远流长，无处不亲。

恩施这块宝地，文化繁荣，人杰地灵，那首闻名天下的古老民歌《龙船调》，如扶摇直上的青云，让恩施走向世界。连天上的牛郎都想了解这块热土现在的情况。织女俯瞰着恩施大地，也将惊奇地发现，这里今非昔比，换了人间。

鹧鸪天

为无名烈士扫墓

（2008年4月）

祭扫无名烈士坟，声声爆竹唤忠魂。生前壮志连天阙①，身后英灵励世人。　　碑堕泪，泪怀君，眼前疏雨湿衣襟。凝眸山野桐花白，大地情深思入云。

【注：】

①天阙：旧指皇帝住的地方，常引申为国家权力的象征。

【词意】

  清明时节，祭扫无名烈士墓，一阵阵震天动地的爆竹声，仿佛在呼唤忠魂的归来。这些无名烈士，生前壮志凌云，为了推翻旧世界，建立新中国，献出了自己宝贵的生命。他们的英灵永垂不朽，永远激励着世人奋勇向前。

  站在无名烈士纪念碑前，热泪盈眶，思念深切，双眼的泪水湿透了衣襟。擦干泪水，极目远望，漫山遍野的桐花雪白。这些植根于大地的树木，怀着无限的深情，将不尽的思念寄向云天。

鹧鸪天

感悟垂钓

(2008年5月)

九曲河堤草木青,闲来幽境水天明。丝纶百尺垂钩小,醇酒千杯流水清。　　山似画,影如屏,怡神悦目自康宁。高楼万丈华灯美,难觅寻常旷野情。

【词意】

弯弯曲曲的河堤,草木郁郁葱葱。休闲时候来到这幽静的地方垂钓,感到水天一色,特别明朗。钓翁抛出一条长长的、拴着一个小钩的锦纶线,望着澄澈的流水,漫不经心地品尝着一杯又一杯美酒。

山色如画一样美丽,水中的倒影如屏一样晶莹。在这样美好的环境中垂钓,令人赏心悦目与福寿康宁。万丈高楼的华灯固然很美,却难于感受到那融入旷野、回归自然的一腔情怀。

鹧鸪天

暮色偶怀

（2008年5月）

孟夏清风断雨声，夕阳照水客心晴。黄鹂漫啭平林近，白鹭齐飞薄暮明。　垂柳细，钓竿轻，富春江上不沽名①。琼田澄澈鱼欢跃，一片涟漪一片情。

【注：】

①富春江：位于浙江省中部，系钱塘江自桐庐至闻家堰一段的别称。东汉初，严光（子陵）不愿出来做官，隐居在富春山（在桐庐县西），前临富春江，常在江边钓鱼。

【词意】

孟夏时节的傍晚，一阵凉爽的清风，吹断了黄昏的雨声。夕阳照着水面，游客的心情也顿时开朗起来。在近处的平林中，传来了黄鹂清脆的啼鸣声。一群白鹭自由地飞翔，雨后的暮天格外明朗。

杨柳垂下细细的丝绦，钓翁抛出轻轻的鱼竿，在富春江这样的世外桃源垂钓，什么名啊、利啊，完全抛向脑后了。那风平浪静的水面，碧水澄澈，大小鱼儿自由游动，时而激起波纹如皱，每一片涟漪，都蕴含着不尽的情意。

鹧鸪天

咏"落马人①"

(2008年6月)

梦冷香消珠泪垂,落花飞絮异当时。高枝易折风中舞,长夜难眠雨里思。　　三径柳,五更鸡,痛心哀怨玉盘知②。悄然霁色悬明月,寄予银镰去自卑。

【注:】

①这里所称的"落马人":系指那些因贪污受贿而沦为囚犯的官员。

②三径柳:宋·黄庭坚《木兰花令》有"穷巷偏欺三径柳"词句,泛指平民里巷中的柳树。玉盘:参见第28页《鹧鸪天·秋望》注释。

【词意】

好梦已冷,浓香已消,漫天风雨如同泪水横流。离枝的落花与飞絮,再也不是当时的样子。想当初,高枝临风起舞,威风凛凛,没想到自折自身。漫漫长夜,雨声淅沥,让人心思缠绵,难以入睡。

想到三径上的柳树,听到五更里的鸡声,更会使人痛心疾首、悔恨交加。这种情绪传到了天上的月亮,于是,苍天悄悄地叫停了夜雨,让一弯钩状的明月升上天空,希望那些"落马人"能用这把银色的镰刀切除那颗自卑之心,而重振精神、重新做人。

鹧 鸪 天

栀 子 花

（2008年6月）

映日芬芳景色奇，素华风韵动遐思。人间彩笔情难尽，世上清心价未赀。　　霜裹叶，雪封枝，嫣然一笑谢天时①。毕生无意争娇艳，但酿馨香寄鬓丝。

【注：】

①霜裹叶，雪封枝：系化用南朝梁萧纲《咏栀子花》中诗句："疑为霜裹叶，复类雪封枝。"

【词意】

六月的栀子花，在阳光的照耀下，景色奇丽。白色芬芳的风华韵味，让人心驰神往，思绪遥远。茫茫人海，多少有才华的诗人都很难表达对栀子花的情感。这是因为，世上人间，清心寡欲的价值是无法计算的。

举目望去，栀子花好像是琼霜沾满了枝叶，白雪包住了花朵。她用美好的一笑来答谢天时。栀子花毕生都不去争妍斗艳，而只希望酿出馥郁的清香，送给两鬓花白的老者。

鹧鸪天

薄刀峰[1]

(2008年8月)

世外桃源自泰然,薄刀峰下竹林欢。云飞雾罩冰心静,电闪雷鸣冷眼观。　　风似扇,雨如帘,一池碧水泛漪涟。天公造化多烟景,身在山中不识山。

【注:】

①"薄刀峰":位于湖北省罗田县境内,是较为知名的避暑胜地。

【词意】

薄刀峰这块避暑胜地,宛如世外桃源。山下遍地是茂盛的竹林,一派腾欢景象。来到这个地方,倍感泰然自若。当烟雾笼罩的时候,尽管这里的山峦都看不见了,可那颗冰心还是这样平静。当电闪雷鸣的时候,凭着那闪电的光痕,可以冷静地欣赏周围的风物。

大风像一把神奇的天扇,大雨像一挂巨大的门帘,那一池碧水,在雨中泛起无数涟漪。大自然的神秘,经常会给人间带来烟雾缥缈的景色。只是令人遗憾的是,我们身在这神奇的地方却不能完全认识它啊!

鹧鸪天
观钓感怀
（2008年9月）

圆缺阴晴冷眼观，莫留惆怅只留欢。拨开云雾悬明镜，鉴赏莲花露笑颜。　　无畏浪，不需帆，一竿情趣对漪涟。等闲垂钓鱼多少，但沐清风自泰然。

【词意】

不要在乎月亮是圆还是缺、或者说天气是晴还是阴。但是，需要注意的是遇事不要留下惆怅，而应留下欢乐。只要将天上的云雾驱散，就能见到如镜一样的明月。只要用心来鉴赏湖上的莲花，就能露出愉快的笑容。

无所谓浪涛汹涌，也不刻意跃桨扬帆，只需坐在岸边，抛出一根鱼竿，看着湖面上的波浪，就会带来无限的情趣。丝毫不在乎钓鱼的多与少，沐浴着凉爽的清风，本身就已享受了泰然自若的心境。

鹧鸪天
漫步湖边偶怀
（2008年10月）

买一鱼竿租一船，柳堤疏影自清闲。有情岁月浓如酒，无虑身心淡似烟。　　深水月，彩云天，惟教观赏不能餐。望中眼福千般饱，何及平湖垂钓欢？

【词意】

漫步湖边，真想买一根鱼竿，租一条鱼船，像稀疏的柳影那样自在悠闲。有情有味的岁月，如同酒一样回味无穷。无忧无虑的身心如同一缕淡烟，轻松自在。

想想深水中的月亮，看看彩云中的天空，世上很多东西，其实仅仅只能看看而已，却不能当饭吃啊！放眼望去，美好的景色可能很饱眼福，但总不如在风平浪静的湖中垂钓那样实在与快乐。

鹧鸪天

咏 悠 闲

(2008年11月)

二满三平乐自长①,镜中白发欲还乡。向来利禄支三顿,自古功名纸一张。　休妄想,拥寻常,等闲圆缺任行藏②。雪花难种知时节,何必强求四季香。

【注:】

①二满三平:典出宋陈昉《颖川语小》卷下:"俗言三平二满,盖三遇平,二遇满,皆平稳得过之日。"大意是,俗语说要平平常常地过安稳日子。

②行藏:古人"用之则行,弃之则藏"之语。

【词意】

俗话说"二满三平",知足常乐。对镜一照,一头白发的还乡之情油然而生。自古以来,所谓"利"也好、"禄"也好,实际的支出也不过是三顿饭钱;而所谓"功"也好、"名"也好,其表现形式也只不过就是一纸文书。

还是丢掉妄想,拥抱寻常吧!既不要在乎天气的阴与晴、月亮的圆与缺,更不要在乎个人的得与失、进与退、上与下。冬天的雪花是不能栽种的,它只有在特定的时节才会绽放,我们不应该强求雪花四季飘香啊!

鹧鸪天
寄退休同仁
（2008年11月）

落木无忧信自然，任凭旧叶换新颜。黄花绽放邀明月，白发疏狂对暮天。　　弦管响，酒杯干，荆风楚韵赋清闲①。何须憔悴秋风里，九转丹成道有言②。

【注：】

①荆风楚韵：湖北有"荆楚"之称，故"荆风楚韵"系指湖北诗词。

②九转丹：典出晋·葛洪《抱朴子·内篇·金丹》。道家谓炼制九次之仙丹为九转丹，据说服之成仙最快。

【词意】

秋天的落叶树木，无忧无虑，愿意听从大自然的安排。春去秋来，它们心甘情愿地让陈旧的叶子落去，而轻装上阵，换上新的容颜。黄色菊花竞相绽放，邀来明亮的月亮。白发老者直面傍晚的天空，精神抖擞。

黄昏时分，奏响管弦乐器，大家把酒相逢，在轻松愉快的气氛下，一边品尝美酒，一边作诗填词，吟咏清闲思绪。面对着秋风，哪里需要忧伤憔悴呢？感悟道家"九转丹成"的养生之道，我们应该热爱生活，享受人生啊！

鹧鸪天

冬日感怀

(2008年12月)

落叶飞花一路行,千年古木最知情。苍山有景眉祥瑞,碧水无污镜透明。　　星朗朗,月婷婷,人生宠辱莫须惊。老来更悟清心好,登上云峰访老僧。

【词意】

　　落叶与飞花,尽管它们生前的颜色与风采不同,但最终同样都是辞枝而去,一路而行。岁月更新,千年古木最知道其中的规律。青翠的山峰景色别致,像眉峰一样祥瑞;碧绿的流水清澈无染,像镜子一样透明。

　　繁星朗朗,明月婷婷。大自然启迪人生,它告诉人们需要坦然面对宠辱得失。特别是历经寒暑的老者,更能感悟出清心寡欲的好处。带着这种感受登上云峰古刹,拜访年老僧人,更可体验出其中的奥妙。

鹧鸪天
咏 雪
（2008年12月）

大地无尘格外鲜，一天飞絮到人间①。澄清吴楚千湖水，涂白秦巴万仞山。　　银凤舞，玉龙腾，乾坤不夜世情欢。洗心革面梨花净②，可惜难留叹佛禅。

【注：】
①飞絮：参见第9页《鹧鸪天·咏雪》注释。
②梨花净：系化用唐岑参《白雪歌送武判官归京》诗句："忽如一夜春风来，千树万树梨花开。"

【词意】
白色的雪花漫天飞舞，遍洒人间。一时间，让大地没有污染，格外澄鲜。那洁白如玉的雪花，让吴楚大地的千湖之水变得更加清澈透明；给秦巴山区的万仞山峰涂上了白色的容颜。

雪花像银凤一样飞舞，像玉龙一样腾翻。漫天皆白，不夜的天空让世间风情一派欢欣。千树万树的雪花，与梨花一样，荡涤尘埃，格外圣洁。可惜的是，这么好的景色却无法让它们保留下来，进而让佛教禅师都扼腕长叹啊！

鹧鸪天
过　年
（2009年元月）

爆竹声中迎早春，千门万户煮清醇。鼠标动地生新象，牛气冲天扫旧尘①。　　多闹市，少闲身，团年宴上话耕耘。明朝更比今朝好，照眼烟花励世人。

【注：】

①鼠标与牛气句：系指按农历说法：刚刚过去的2008年是鼠年，而2009年则是牛年。

【词意】

在辞旧迎新的爆竹声中，迎来了早到的春天。千家万户吃年饭，饮美酒，欢度传统佳节。送别的鼠年，从互联网上可以看到一年新的气象与辉煌成就。迎来的牛年，又能够感觉到大家豪情满怀，决心扫除一切不合时宜的陈规陋习。

春节期间，各地的市场繁荣，生意兴隆。而真正空闲之人却很少，因为人们正忙着筹划新一年的生产与生活。连各家各户的团年饭，一家人还会在一起谋划新年打算。大家对一年更比一年好充满信心，那璀璨照眼的烟花，正激励着世人不断努力，去创造更加美好的未来。

鹧鸪天

桂林"两江四湖"游①

（2009年3月）

曾是孤身岁月匆，而今一体六联通。舟行碧水榕阴里，塔立青云画卷中。　　观八景②，酌千盅，莺歌燕舞荡心胸。疏狂欲剪江湖美，惊叹苍山不老松。

【注：】

①两江四湖游：系指桂林实施"两江四湖"联通后的一大城市景观。"两江"是漓江与桃花江；"四湖"是榕湖、桑湖、桂湖与木龙湖。

②八景：典出宋·苏轼《苏轼文集》，北宋画家宋迪所画"八景"最为流传，后人常用之咏山水景色。

【词意】

岁月匆匆，世事沧桑，桂林城区的"两江四湖"，曾经各是孑然一身，而今却是六体联通，互为一体。榕树参天，枝繁叶茂，绿阴浓密，游船在碧水之上、绿阴之下行走。宝塔耸立，直面青云，犹如一卷美丽的画图。

一边观赏两江四湖的美好景色，一边畅饮千杯美酒。春回大地，莺歌燕舞，让游人心胸陶醉。欣喜若狂之际，真想将美丽如画的江湖景色剪取下来。面对此景，苍山上的不老松也为之惊叹。

鹧 鸪 天
漫步襄樊滨江大道
（2009 年 3 月）

晓曙晨风古渡头，妪翁无虑放歌喉。岸边乔木生葱翠，水上沙鸥竞自由。　　闻汽笛，上城楼，一江碧水向东流。人生多少辛酸事，何必萦怀酿冗愁。

【词意】

晨曦照耀着宽阔的江面，晨风吹拂着古老的码头，一些年老的大娘与大爷正在无忧无虑地引颈高歌。滨江大道上的高大乔木，枝繁叶茂，郁郁葱葱；江面上的水鸟，自由自在，振翅飞翔。

听到长鸣的汽笛，登上古老的城楼，看到奔流不息的襄江，碧绿的江水正滚滚向东流去。光阴如同流水，一去不复返。人生尽管也会有许多辛酸的过去，但又何必让这些逝去的往事，再酿成多余的忧愁呢！

鹧鸪天

踏青漫兴

(2009年3月)

借得清闲访异乡,小桥流水照晴光。新春送暖千株碧,老酒迎宾十里香。　　人已醉,路还长,一天月色晓风凉。梦中情结连阡陌,遍野芬芳油菜黄。

【词意】

在这春回大地的时节,趁着清闲的日子,到异乡踏青访友。在温暖的晴光照耀下,小桥流水,更是别有一番景色。春回大地,东风送暖,给千山万木披上新绿。美酒飘香,宾至如归,热情的主人陪同着客人开怀畅饮。

人已酣醉入梦,梦中旅途漫长。酒醒时分,仍然是一天明月,并送来凉爽的晓风。回想起刚才梦中的事情,一种情感仍然连接着乡村的田间小道。而眼前漫山遍野的油菜花,更是灿烂金黄,夺目宜人。

鹧鸪天
暮色寄思
(2009年4月)

遍地桑榆沐晚霞①，征鞍万里走天涯。莫言惆怅披晨曙，但愿流连听暮笳。　　天未老，日虽斜，夜来明月照窗纱。一头华发何须叹，畅饮清醇去冗嗟。

【注:】

①沐晚霞句：系化用唐代诗人刘禹锡《酬乐天咏老见示》中诗句："莫道桑榆晚，为霞尚满天"。其中，"桑榆"指日暮。据《太平御览》三引《淮南子》："日西垂景在树端，谓之桑榆。"这里，"景"同"影"。原书注文说："言其光在桑榆上。"后来，被用以借喻人到暮年。

【词意】

日暮时分，遍地的景色在晚霞的照耀下格外明亮。回首足迹万里，走过天涯海角，总是四海为家，并逐渐踏入暮年。凝眸那灿烂的朝霞，何必因苍老而惆怅迷惘呢？更需要珍惜黄昏时光，尽情地欣赏暮色笳声。

尽管夕阳西下，但苍天不老。夜色来临，一轮明月又照亮心灵的窗户。请不要叹息青春逝去，头发花白，而应该畅饮清醇美酒，将那些多余的伤感抛向身外。

鹧鸪天
清 明 节
(2009年4月)

欲问轮回拜祖堂①,清明时节雨茫茫。烟花爆竹鸣声急,泥路行人思念长。　千里泣,九回肠,午天如暮泪汪汪。谁知一野黄花意,疑是东君祭故乡②。

【注:】

①轮回:佛教用语。按照佛教的因果报应和生死轮回的理论,死亡并不意味着生命的彻底结束,而是意味着转化为另一种生命状态。

②东君:参见第8页《鹧鸪天·春山即兴》注释。

【词意】

清明时节,大雨茫茫。佛教常言六道轮回之事,当我们拜谒祖堂的时候,不知道我们的祖辈现在如何了。祭祀时,烟花爆竹惊天动地。泥路上,来往行人思念绵长。

清明节的午天,雨下个不停,天色也好像傍晚一般。千里乡村大雨茫茫,犹如热泪汪汪。有谁知道遍野的油菜,为什么要盛开黄花呢?那可是司春之神——东君祭祀故乡先人的一片心意啊!

鹧鸪天
巴东旅怀
(2009年5月)

欲解风情问小舟,号声唤醒大江流。巴山楚水生诗意,高峡平湖照画楼。　　新起点,古津头,云中烟树月如钩。寄书霄汉邀神女,何日归来共运筹。

【词意】

在巴东旅游,如果要了解这里的风土人情,则可询问那些划着小船的纤夫。他们高亢的号子声,常常把沉睡的大江唤醒。巴东山青水秀,让人催生诗兴。三峡大坝雄伟,平湖辽阔壮观,两岸高楼林立,好一派新的三峡风光。

夜晚,一钩明月挂在高耸入云的烟树之上。我们站在古老的渡口,又看到了新的起点。多么想修书一封寄向九天,邀请神女回到人间,与我们一起谋划未来,共创更加美好的生活啊!

鹧鸪天

闲日偶怀

(2009年6月)

待到人生两鬓华，方能悟得邵平瓜①。青山绿水吟行客，短棹轻舟话煮茶。　　波荡月，月摇花，碧流疏影向天涯。斜阳把酒催人醉，酣听琴声思伯牙②。

【注：】

①邵平瓜：典出《史记》卷五三《萧相国世家》，喻隐居或咏瓜园。

②蟾宫：参见第58页《鹧鸪天·中秋偶怀》。伯牙：即俞伯牙，春秋时楚国人，传说伯牙善弹琴，与此相联系的就是"高山流水觅知音"的故事。

【词意】

人生进入迟暮之年，两鬓的头发都白了，这时候才能体会到古人邵平当年种瓜隐居的清闲滋味。踏着青山绿水，激起诗情画意，可感受边走边吟的乐趣。荡着小船，泛舟湖上，可交流茶道的心得。

清波荡漾着明月，明月摇晃着浪花，许多风物稀疏的影子，随着碧水流向远方。斜阳时分，故人樽酒相逢，大家开怀畅饮，一醉方休。酣卧之中，似乎听到美妙的琴声，更加让人思念善于弹琴的俞伯牙先生，并对"高山流水觅知音"的故事充满向往。

鹧 鸪 天

祝《长江文艺》创刊六十周年

（2009 年 6 月）

六十春秋岁月遐，白云黄鹤颂年华。有情短笛迷芳草，不尽长江渡彩霞。　涛拥雪，浪淘沙，征帆万里向天涯。文川艺海通心渚，开卷如乘八月槎①。

【注：】

①八月槎句：系化用"八月槎"典故，该典出自晋·张华《博物志》卷十："旧说云天河与海通，近世有人居海渚者，年年八月有浮槎去来"。

【词意】

《长江文艺》创刊以来，走过了六十个不平凡的春秋。在这块白云飘飘，黄鹤翱翔的湖北文艺园地上，大声颂扬着难忘的岁月。充满感情的短笛声让芳草着迷，滚滚东去的长江在灿烂霞光的辉映下奔涌向前。

银涛涌动雪花，大浪淘尽泥沙。云帆高挂，直向万里天涯。文学艺术的巨川大海，总是连通着无数读者的心灵之渚。打开《长江文艺》，宛如乘上一叶绿舟，遨游在那充满智慧的海洋中。

鹧鸪天

夜色偶怀

(2009年6月)

万木风枝摇梦魂，欲穷深处更传神。迎来清爽宜开卷，送别黄昏莫闭门。　　雷滚滚，雨纷纷，一帘夜幕一天云。等闲窗外烟霾急，灯下知书不染尘。

【词意】

仲夏时节，大风骤起，无数树枝在风中摇曳，似乎要将乔木的梦魂摇醒。如果从深层次去思考，好像还会得到许多感悟。此时天气凉爽，正是适宜于静心读书的时候。尽管送别了黄昏，迎来了暮色，但风雨来临时也会有许多新的景色，所以还是不要关门啊！

雷声滚滚，大雨纷纷，阴云低沉，让人感觉到夜幕更深。然而，有人却不在乎窗外的暴风骤雨，而心如止水般沉浸在灯下研读，知情达理，心里头就不会染上尘埃，而始终保持清静豁达的心境。

鹧鸪天

海峡寄思

（2009年7月）

明月涛头白玉花，常怀思念向天涯。相逢别后茶犹馥，憧憬来时景更佳。　　沧海日，赤诚霞，千秋万代耀中华。炎黄血脉通今古，两岸情深共一家。

【词意】

海峡在明月的照耀下，汹涌的银色波涛，犹如白玉仙花，常常是怀着思念，奔向天涯海角。久违后的相逢，一杯清茶就格外清香馥郁。憧憬未来的景色，相信更加波澜壮阔。

一轮红日从海上升起，灿烂的霞光无限赤诚，历经千秋万代，照亮中华大地。炎黄子孙的血脉，连通着今天与昨天。海峡两岸情深意长，共同拥有中华民族这个大家庭。

鹧鸪天

棉田即兴

(2009年7月)

谁道棉花不是花？琼姿淡雅耻矜夸。暑天有梦迎朝曙，霜日无愁伴晚霞。　　从未歇，莫须嗟，残桃待放亦风华。冰心如玉催刀尺，更喜寒衣上酒家。

【词意】

有谁能说棉花不是花呢？它那美丽的容颜，纯白淡雅，并耻于自我炫耀。炎热的夏天，它不畏酷暑，早早地迎来朝曙，在烈日的照耀下竞相绽放，梦想为人间多作贡献。霜降的秋日，它也没有任何忧愁，而是让残桃吸收秋阳的温暖，把余花吐尽，并与晚霞相伴相依。

棉花一路走来，从未歇息，也不生悲。秋日的棉田，棉秆上残留的棉桃等待吐花，也不失往日的风采。棉花冰心如玉，既希望纺成棉布，尽快做成御寒的衣服，更喜欢那些穿上寒衣的人们能够走进酒家，让生活不断得到改善与升华。

鹧鸪天

夏日漫兴

（2009年7月）

断续蝉鸣断续风，欲寻鸣处入林中。天人融合身无恙，山水和谐众有功。　垂翠柳，立苍松，世间万物不相同。千姿百态寻常事，何必强求一律通。

【词意】

夏日时分，时有时无的风声，送来断断续续的蝉鸣声，并让人顿生童趣。为了弄清蝉在何处鸣叫，特地走进树林深处。身临天人合一之境，这里的青山绿水告诫人们，生态文明需要众人为之建功立业。如果世人都能在这种优美的环境中生活与工作，身心都会感到格外舒畅。

翠柳低垂，苍松挺拔。世间的风物，各有各的特点，是不可能完全相同的。大自然告诉世人，观察纷纭繁杂的各种现象，我们需要怀着寻常的心态，去面对世间千姿百态的事物，而不要苛求一种景色与一个模式。

鹧鸪天

日全食观感[1]
（2009年7月22日）

难得千年奇象生，一时暑昼夜光冷。蓦然眼底浮禅意，经久心头思世情。　　天有变，地无声，蟾蜍吞日寄叮咛[2]。人间自有沧桑道，驱散阴霾万里晴。

【注：】

①日全食：又称日蚀，是一种天文现象。当月球运行到太阳与地球之间时，对地球上的部分地区来说，月球挡住了太阳部分或全部光线，看起来好像是太阳的一部分或全部消失了。

②蟾蜍：典出《淮南子·精神训》："日中有踆乌，而月中有蟾蜍。"常用来指月亮。

【词意】

千年难得的日全食奇观出现时，盛夏的白昼，仿佛是清凉的夜晚。此时此刻，眼前突然浮现出很多禅家理念。经久深思，人生经历的世态人情也不断涌上心头。

仰望天空，一时间白天渐渐地变成了夜晚。月亮吞蚀太阳的这种自然现象，不是给了我们许多的启示吗！实践与历史告诉我们，魔高一尺，道高一丈，人间正道是沧桑。时间会将天上的阴霾驱散，又重新迎来万里晴光的艳阳天。

鹧 鸪 天

立秋日寄怀

(2009年8月)

午日清凉暑欲辞,梦中别绪动情思。晚霞未减朝霞火,白发犹吟黑发诗。　依古调,赋新姿,立秋时节壮心驰。莫言棉秆容颜瘦,但傲霜风花满枝。

【词意】

　　立秋时节,午天清凉,预示着盛夏的溽暑就要告辞了。午梦中,一股送别酷暑的思绪,激起心灵深处的波澜。秋日的晚霞,并没有减少朝霞的光与热。白发老者,仍然喜欢吟诵年轻时经常吟诵的豪放诗篇。

　　依照古典诗词的格调,吟咏秋日风物新的容颜。立秋时节的景致别有情趣,更令人壮心不已。请不要说秋日棉田,尽是容颜消瘦枯黄的棉秆。可它们却毅然傲立于霜风之中,让枝上的棉桃绽放出雪白的花朵,为世人鞠躬尽瘁。

鹧鸪天
参观平遥县衙
(2009年9月)

远客平遥问古今,楹联警句蕴涵深。不求得意还乡里,但愿忘私为世人。　　三尺法①,四时春,千秋训示撼身心。安邦崇德乾坤久,策马追贤日月新。

【注:】

①三尺法:古代将法律刻在三尺长的竹简上,故曰"三尺法"。

【词意】

远方的游客来到平遥古城,参观该县的古代衙门,仔细体会古往今来的县域治理。特别是县衙里的那些楹联,很多都是名言警句,蕴涵着丰富的内涵,读起来扣人心弦。按照传统的说法,作为老百姓的"父母官",不应该追求私利,梦想衣锦还乡;而应该大公无私,为官一任,造福一方。

历史告诉人们,只有严格依法秉公办事,才能让社会风气四季如春。那些历经千秋万代的古训,总是震撼着人们的身心。后来人需要既崇尚法治,又崇尚德治,方能长治久安。大家应该跃马扬鞭,认真学习先贤,努力超越先贤,不断开创岁月新局面。

鹧鸪天
同酌寄友人
（2009年9月）

举目星河夜色幽，西楼把酒寸心投。堪当欣喜醇醪醉，何必忧忡岁月稠。　　情莫老，鬓虽秋，寄思万里大江流。人生应是如波浪，身不回头志不休。

【词意】

　　夜色降临，环境幽静，仰望星空，浮想联翩。故人相逢西楼，把酒开怀畅饮，更觉心心相映。大家应该为难得一醉而高兴，而没有任何必要为岁月峥嵘而忧心忡忡。

　　光阴流逝，秋霜满头。凝思那奔流不息的万里大江，一腔炽热的感情就不会衰老。漫漫人生旅途，该当是像滚滚向前的波涛那样，身不回头，志不衰退。无论是做何种事情，都应该一往无前，不达目的，誓不罢休。

鹧鸪天

又闻一位官员落马

（2009年9月）

三惑深渊莫发狂，四知明镜照安祥①。贪泉有意攀龙凤，法网无情逮鼠狼。　　双泪眼，九回肠，昙花一现染迷茫。腥风血雨芳枝谢，自愧青天万丈光。

【注：】

①三惑：典出《后汉书》卷五十四《杨震传》附《杨秉传》："有三不惑：酒、色、财也。"四知：典出《后汉书》卷五十四《杨震传》，东汉人杨震为官清廉，有人给他送礼，震曰："天知、神知、我知、子知。何谓无知！"

【词意】

自古以来，"三惑"就被认为是三件害人的东西。不义之财，不贞之色，不醇之酒，如同深渊，千万不要临渊发狂。而那被人称道的"四知"却是耐人寻味，它如同明镜，经常用它照照自己，可以永葆平安吉祥。贪泉险恶，它经常会别有用心地去攀龙附凤。但法网恢恢，疏而不漏，它往往会无情地逮住那些胆敢以身试法、如狼似鼠之流。

可惜的是，这些人待到落马之时，才泪流满面，痛心疾首。回想曾一度灿烂的昙花，而今却自生自灭，前景迷茫，真是追悔莫及。那些残红败蕊，曾经也有过俏丽的芬芳，却因为腥风血雨的污染而凋谢。它们面对青天红日的万丈光芒，必将愧疚终身。

鹧鸪天

秋日荷塘

（2009年10月）

极目湖天百啭莺，舟中把酒一身轻。鸥声唤醒新秋梦，诗笔迎来旧雨情①。　　莲水碧，藕风清，彩虹归去晚霞明。鱼翔浅底休垂钓，无欲观光自在行。

【注：】

①旧雨：参见第20页《鹧鸪天·夜思》注释，既代表自然中的雨，也代表往日的旧友。。

【词意】

举目望去，湖天秋高气爽，水鸟自由地鸣叫飞翔。坐在美丽的游船上饮酒，更是别有一番滋味，犹感一身轻松。鸥鹭的飞鸣声，将游人从新秋的梦境中唤醒。诗人的吟咏声，迎来一场似曾相识的旧雨，并勾起许多对故乡与故人的思念。

雨霁天晴，莲池水碧风清。尽管一架彩虹消失了，但那缕缕晚霞却格外灿烂明亮。鱼儿在浅浅的水底中自由地游动，请不要垂下钓钩，打乱它们平静的生活。没有欲望，悠然自得地欣赏风光，更可以尽情地享受大自然。

鹧鸪天

秋日感怀
(2009年10月)

红叶无言岁月遒,一天仙桂倚清秋。残荷傲立犹如铁,缺月孤悬不是愁。　林竞染,水奔流,涛花吐艳散花洲①。宜挥彩笔吟豪放,莫道时光又白头。

【注:】

①散花洲:系一处地名,位于湖北省黄石市长江北岸。

【词意】

秋天来临,枫林红叶,让岁月充满了活力。那来自月亮的仙桂,给清秋带来了一天芬芳。荷花虽残,但荷竿傲骨依旧,巍然屹立,犹如钢筋铁骨一般。明月不圆,并独自悬挂在天空,但那是它心胸豁达,而不是忧愁。

请看那千林竞染,万水奔流的壮观景色吧!银色的浪涛如花吐艳,涌向散花洲头。面对此情此景,让我们挥动那富有诗意的彩笔,热情奔放地吟唱吧!可千万不要惊叹时光流逝,埋怨霜染白头。

鹧鸪天

寄悲秋者

（2009年10月）

俯仰之间足迹幽，可怜过客枉悲秋。飞流竟作天公泪，落叶浑成舴艋舟①。　　书易乱，喋难休，牢骚太盛闹心头。望中寂寞嫦娥瘦②，妄念催生万古愁。

【注：】

①舴艋舟句：系化用李清照《武陵春》词句："只恐双溪舴艋舟，载不动许多愁。"

②嫦娥：典出《淮南子·览冥训》，传说古代神话中的嫦娥偷食其夫所得不死之药成仙，独处月中。

【词意】

光阴似箭，日月如梭，几乎是在俯仰之间，人生的足迹静悄悄地向秋天走去。可怜的却是有些匆匆过客，居然为秋天的来临而枉费心机，滥发悲伤。这些人竟然将飞流直下的瀑布，当作是天公的热泪，将萧萧飘下的落叶，看成是李清照笔下"载不动许多愁"的舴艋小舟。

在这种心态下，写字易于乱墨，谈话却是喋喋不休。一肚子的牢骚，怎么能享受幸福与安宁？遥望月宫嫦娥那消瘦的身影，当初为了成仙，偷吃了其夫的灵丹妙药，而今又奈不住宫中的寂寞。妄念已成为催生万古忧愁的罪魁祸首。

鹧鸪天

次韵赠何联华教授①

（2009年10月）

丹桂飘香花气蒸，兰亭相会唱秋英②。潘江荡月江潮涌，陆海扬帆海曙生③。　　逢旧雨，向新京，一囊诗草诉心声④。白云黄鹤吟荆楚⑤，万里神州龙虎腾。

【注：】

①何联华先生系中南民族大学教授，现任湖北省诗词学会常务理事。他的诗词集——《汗青斋吟稿》中〈鹧鸪天·喜贺省诗词学会第四次代表大会胜利召开〉："七月江城似火蒸，东湖堤岸聚群英。今朝三楚雄风在，屈宋重光羡后生。　　歌盛世，颂华京。重吹玉笛奏新声。共商兴鄂吟坛事，滚滚诗潮逐浪腾。"

②兰亭：唐·何延之《兰亭记》："兰亭者，晋右将军会稽内史琅琊王羲之字逸少所书之诗序也。"喻作文人相会。

③潘江与陆海：系化用"陆海潘江"典故，典出南朝梁·钟嵘《诗品》中有"陆才如海，潘才如江"之语。

④旧雨：参见第20页《鹧鸪天·夜思》注释，代指旧友。一囊诗草：典出唐·李商隐《樊南文集》，后世用作比喻刻苦写诗的典故。

⑤白云黄鹤：因唐代诗人崔颢《黄鹤楼》中的诗句："黄鹤一去不复返，白云千载空悠悠。"故世人常借指湖北省省会城市武汉。荆楚：泛指湖北。

【词意】

　　丹桂盛开的清秋时节，桂花飘香，十分可人。在这美好的时刻，诗人词客欢聚一堂，相互唱和秋日的芬芳，更是别有一番风味。古人关于"潘江陆海"的故事已成典故，但我们需要继承和弘扬中华诗词传统文化，让"潘江"上的那轮明月能再激起千重波浪，并敢于在"陆海"上扬起风帆，迎接新的曙光。

　　相逢老朋友，情系新京城，讴歌新时代。让我们用格律诗词的语言，来倾诉心灵深处的情感吧！万里神州，龙腾虎跃，荆楚大地，日新月异。我们生活工作在白云黄鹤这片热土上，就应该热情地为之高歌，可不要辜负手中的诗笔啊！

鹧鸪天
访僧友
(2009年10月)

一卷经书从未嗟,空门明月照袈裟①。闲谈风物凝情趣,忙种农桑感物华。　三岛客②,四时花,白云深处胜仙家。老来若得居幽静,心底连天拥晚霞。

【注:】

①空门:佛教以观察诸法"空性"为入道的法门,故称"空门"。

②三岛:或称三山。典出《史记》卷二十八《封禅书》,系指蓬莱、方丈、瀛洲三座神山。

【词意】

一位手捧经书,潜心研究佛禅的僧人,从来是不会有任何忧虑的。佛教寺庙的明月,充满着"空性",净化着僧人的心灵。趁着闲暇时间,与大师畅谈那些有特定蕴涵的景物,凝聚着许多情感与兴趣。待到农忙时节,则可以通过耕种农作物,来感受大自然的美好。

研究那些来往于蓬莱、方丈、瀛洲"三岛"的神仙,欣赏那些春、夏、秋、冬四季竞相开放的花朵,若能居住在白云深处这些特别清静的地方,其实远会胜过传说中的神仙。对于老者来说,若居住在幽境,就可能超然物外,心胸开阔,尽情地沐浴灿烂的晚霞。

鹧鸪天

故里棉田

（2009年10月）

棉秆残桃吐雪花，推崇秋实远春华。一天风色生凉意，双手辛劳纺细纱。　　青布褂，白皮瓜，故人邂逅煮清茶。黄昏相约行阡陌，归去来兮思绪遐①。

【注:】

①归去来兮：东晋名士陶渊明辞官归隐，作《归去来兮》赋咏返家途中与到家后的感受，以"归去来兮"领起全篇。

【词意】

清秋时节，棉秆上残留的棉桃，在秋阳的照耀下，纷纷绽放出雪白的棉花。它们崇尚秋日的丰收，而远离春天的芳华。眼下一天的风色，带来了秋日的凉爽。但愿勤劳的双手将这些棉花纺成线，织成布，做成衣，为百姓服务吧！

穿着青色的布衫，吃着白皮的瓜果，煮上绿色的清茶，款待邂逅相逢的老朋友。然后，再趁着黄昏时光约上故人，一同在田间小道上漫步。想到陶渊明的《归去来兮》，又让人激起遥远的思绪。

鹧 鸪 天

凭吊三位舍己救人的大学生[1]

（2009 年 10 月）

学子捐躯叹国殇，魂牵梦绕系荆江。丹心壮举名天下，白浪霜花恸楚乡。　　思硬骨，断柔肠，英灵不朽泣爹娘。但将热血浇桃李，下自成蹊馥郁长。

【注：】

[1]2009 年 10 月 24 日，位于湖北省荆州市的长江大学三位大学生，为救落水儿童，献出了自己年轻的生命，他们的事迹感动着神州大地。

【词意】

为了营救落水儿童，三位学子献出了自己年轻的生命，举国为之悲痛，荆江人民将永远铭记烈士的英名。他们赤胆忠心、舍己救人的壮举，让苍天感动，令大地动容。江上的白色浪涛，犹如无数朵霜花，深切悼念这些优秀学子。

思念铮铮硬骨，痛断寸寸柔肠，无数父母为这三位不朽的英灵流泪送别。桃李无言，下自成蹊。世人应懂得用热血来浇注桃李，让教书育人的成果更加浓郁芬芳，源远流长。

鹧鸪天

张家界观光①

（2009年10月）

玉兔金乌鬼斧雄②，移山倒海举奇峰。三湘景致芙蓉国，千古风流造化功。　黄石寨③，碧云松，倚天长剑向苍穹。谁知神箭当年事，疑似先人地对空④。

【注：】

①张家界位于湖南省湘西境内。

②玉兔与金乌：参见第78页《鹧鸪天·雪地感怀》注释。

③黄石寨：系张家界的一处著名景点。

④神箭：张家界的石林，犹如导弹一样，直指天空，故曰"神箭"。地对空句：系指直入云天的石柱，犹如今天的"地对空"导弹一样。

【词意】

乌飞兔走，大自然的鬼斧神工，以移山倒海之势，造就了张家界无数神奇的峰峦。有三湘之称的湖南，其美丽风光既以著名的芙蓉国而知名，又有大自然的造化所形成的各种奇特景观。

在黄石寨景区，苍翠的松树高大挺拔，特别是那些巍峨的石林，更像一把把巨大的长剑，直指苍穹。谁知道这些宛如导弹的神箭，当年为什么要耸立在这里呢？是不是先人当年在这里安放的地对空导弹呢？

鹧鸪天
六十述怀
(2009年10月)

红叶黄花宴九仙①，清风入韵赋秋妍。殚精跋涉三千里，屈指思量六十年。　披白发，赏青莲，莫留酒债曲江边②。闲来更觉时空广，细品尘缘问涅槃③。

【注：】

①九仙：典出宋张君房《云笈七签》卷三《道教本始部道教三洞宗元》，诗词中借以咏神仙或喻指飘逸若仙的人。

②曲江边句：系化用唐杜甫《曲江二首》之二诗句："酒债寻常行处有，人生七十古来稀。"

③涅槃：原意为梵语的音译。文学上借用佛语"涅槃"，指通过某种锻炼或洗礼而获得新生。

【词意】

用红叶与黄花来设置宴席，招待那些飘逸若仙的朋友。从扑面清风中产生诗的灵感，吟咏秋天的芬芳。回首时光，殚精竭虑，足下走过了数以千里的路程。屈指数来，细细思量，人生经历了六十个春秋。

披着白发，似闲庭信步般，流连于山水之间，欣赏那出污泥而不染的青莲。但不会像杜甫那样，所到之处留下酒债，更用不着借酒消愁。人闲下来了，更觉得时间与空间的广阔。仔细品味各式各样的人生，应如同凤凰涅槃那样，不断感悟其中的真谛。

鹧鸪天
生态健康论坛[①]
（2009年11月）

悦目怡神绿色甜，东湖梦醒泛漪涟。白云微笑蓝天里，黄鹤翱翔碧水边。　　求实策，建良言，名坛论道沥心肝。哲人真谛悬明镜，福寿康宁日月圆。

【注：】

①谨以此词热烈祝贺第五届中国生态健康论坛在武汉东湖宾馆隆重开幕。

【词意】

美好的生态，甜蜜的绿色，往往使人赏心悦目、心旷神怡。新的生态健康理念，让东湖梦醒，一湖的涟漪为之欢呼。白云在蔚蓝的天空微笑，黄鹤在碧绿的水边飞翔。

讲求实事求是的对策，献上切实可行的净言。在这个著名的论坛上，学者们披肝沥胆，慷慨陈词。许多真知灼见，犹如明镜高悬，给人以深刻的启迪。只有遵循自然规律办事，我们才能像日月圆满那样，创造与享受幸福、长寿、健康、宁静的生活。

鹧鸪天

秋木寄怀

（2009年11月）

秋木无声迎客卿，莫言残月对长庚①。何愁行路沾朝露，但喜修身对晚晴。　　枫叶美，菊花明，白头尤识此中情。老枝神采凝禅韵，漫倚霜天不问名。

【注：】

①对长庚句：长庚，即太白星，系化用"长庚对月"典故。该典出自唐·韩愈《东方半明》诗："东方半明大星没，独有太白配残月。嗟尔残月勿相疑，同光共影须臾期。"

【词意】

一天秋木从不声张，悄悄地迎送过往客卿。春去秋来，时光逝去，不应该自寻烦恼，为所谓"独有太白配长庚"而忧心忡忡。不要为早晨的露水沾湿脚上的鞋袜与身上的衣服而忧愁，却应该为有机会沐浴着晚霞修身养性而高兴。

秋天的枫叶格外美丽，菊花也特别鲜明。此情此景，对于白头老人来说，更是会有特别的意味与情感。迎着强劲的秋风，老枝霜叶的神情凝结着禅家的韵味，自由自在地投入霜天的怀抱，而不在意任何名与利。

鹧鸪天

次韵赠袁修钧先生[①]

（2009年11月）

织女牛郎寸草心，鹊桥通向四时春。杯盘淡雅风光好，灯火寻常韵味深。　　言一句，值千金，相濡以沫共酸辛。有缘结伴鸳鸯鸟，连理枝头凝郁芬。

【注：】

①袁修钧先生系湖北省诗词学会会员，《东坡赤壁诗词》编委。其词《鹧鸪天·老两口》："千里良缘结一心，风风雨雨共冬春。天寒日久情弥厚，地险途遥爱更深。　　经烈火，识真金，分忧合力度艰辛。人生漫漫何其乐？笑语心花散馥芬。"

【词意】

牛郎与织女，都有一颗真诚相爱的寸草之心。一年一度让牛郎织女有缘相会的鹊桥，可以通向四时的春色。一杯酒，一盘菜，粗茶淡饭，却淡中有雅，风光美好。一盏灯，一炉火，看似寻常，却韵味深长。

轻轻的一声问候，有胜过千金的价值。夫妻之间同舟共济，相互帮助，彼此关心，可以共度难关。也许是前世有缘，今世有份，才能像鸳鸯鸟那样，幸福地生活在一起。恩爱夫妻犹如连理枝头的花儿，总是凝结着馥郁的芬芳。

鹧鸪天

雪天述怀

(2009 年 11 月)

才是冬初试小寒,北风剪雪白云边。疏狂曲岸千株柳,淡泊平原万顷田。　　冰野阔,玉枝欢,琼花洒脱看人间。歌扬楚寨难辞月,声洒梁园不夜天①。

【注:】

①楚寨:湖北省古代属楚国,故"楚寨"泛指楚地乡村。声洒梁园:典出南朝宋谢惠连《雪赋》,咏文人赏雪赋诗之雅事。

【词意】

天气刚刚进入初冬,却小试寒潮,北风从白云边吹来阵阵白雪。在弯弯曲曲的湖堤上,千株杨柳的白色丝绦疏狂起舞。而平原上的万顷耕田,覆盖着皑皑白雪,尽显淡泊情怀。

冰冻的原野,格外辽阔。似玉的树枝,一派欢欣。美丽的雪花以其洒脱的眼光看着人间万象。楚地乡村,歌声飞扬。故友月下相逢,难舍难分。在雪光的映照下,夜空明亮如昼,大家尽情地赋诗唱和。

鹧鸪天
咏 柑 橘
(2009年11月)

玉液金辉知圣贤，灵均《橘颂》九州传①。秋时有树皆垂果，春日无枝肯斗妍。　　黄土地，白云天，漫山葱郁暖人间。容颜不改逢霜雪，一颗冰心苦亦甜。

【注:】

①灵均：屈原字灵均，《橘颂》是屈原的重要诗篇。九州：指中国。

【词意】

自古以来，圣贤就知道柑橘有美味的品质、金黄的色彩。伟大诗人屈原歌颂柑橘的著名诗篇《橘颂》，就在神州大地广为传诵。秋天的橘树，树上挂满了金黄的果实。春天的橘枝，却没有谁愿意去争妍斗艳。

柑橘树根植于黄土地，身立于白云天。漫山遍野、郁郁葱葱的橘枝，给人间带来温暖。就是秋冬季节，柑橘沾霜披雪，也永葆苍翠的容颜。那一颗颗圣洁的心灵，虽说有苦，却更是有甜。

鹧鸪天

霜天感怀

(2009年11月)

白发忘怀走四方,荷塘问藕悟行藏①。浪腾沧海方为水,香洒霜林更馥芳。　　兰草绿,菊花黄,秋山红叶换新装。湖天一色连心地,明月清风放眼量。

【注:】

①行藏:参见第89页《鹧鸪天·咏悠闲》注释。

【词意】

人老发白,应该忘却烦恼,周游四方。见到霜天枯萎的莲荷,似乎可以感悟出"行"与"藏"的真谛。流水只有来到大海,体验到惊涛骇浪的滋味,才不愧为流水的历程。花朵也只有凌霜吐艳,才能体会到世间的酸甜,更加馥郁芬芳。

极目霜天,蕙兰碧绿,菊花金黄,红叶让秋山换上新装。碧绿的湖水与蔚蓝的天空浑然一色,令人心旷神怡。清风明月,澄清爽朗,让人眼界开阔,畅想未来。

鹧鸪天
感悟人生
(2009年12月)

试问人生又几何？仰天兴叹渡长河。雕楼纵显愁雷电，陋室虽贫笑杼梭①。　　遗憾少，尽欢多，青衣粗布胜绫罗②。莫流热泪浇惆怅，但对霜风引颈歌。

【注:】

①杼梭：一是化用"日月如梭"之意，二是代表织布劳作之义。

②青衣：即黑衣服，古代指下人所穿的衣服。这里，泛指普通百姓。

【词意】

若要问一下对人生的感受，又怎么回答呢？只有仰天兴叹，在时光的长河中去泛舟体会吧。雕龙画凤的高楼纵然显贵，但却担心雷电的袭击。瓦舍茅庐虽然贫穷，然而，却会带着微笑，辛勤劳作，欢度时光。

少留些遗憾，多尝些欢乐吧！身穿粗布衣服，会胜过绫罗绸缎。不要用热泪来浇注那一身的伤感与失意，而应该无怨无悔，直面霜风，引颈高歌。

鹧 鸪 天

月 夜 感 怀

(2009 年 12 月)

　　落木霜天竞自由,凭栏清唱信天游①。湖边照镜心潮急,枝上悬钩岁月稠。　　临水榭,望江楼,几多欢喜几多愁? 世间何事催惆怅? 犹是凡尘伤白头。

【注:】

①信天游: 陕北民歌。

【词意】

　　霜天下的落叶树木,竞相感到自由的滋味。身临此景,靠着栏杆,清唱那陕北民歌《信天游》,却别有一番风味。在湖边漫步,看到水中的身影,令人心潮起伏。极目枝头,其上悬挂着的那一弯冷月,也代表着岁月的峥嵘。

　　来到水上的一处阁台,遥望江边高耸的楼房,这里曾经发生过多少喜与愁的故事啊? 世间有什么事情能够催生失意与伤感呢? 恐怕要数凡夫俗子那些"放不下"的世俗观念,最让白头老者伤心吧!

鹧鸪天

沉痛悼念李尔重同志

（2009年12月）

一代名家驾鹤归，楚天铭记白云飞。夔龙思远长缨使，鹓鹭情深彩笔挥①。　怀宋玉，唤湘累②，诗魂文骨立丰碑。九原可作重披卷③，但愿英灵梦里回。

【注:】

①夔龙句：即化用"夔龙"典故，该典出自《尚书·虞书·舜典》：夔为乐官，龙为谏官，均为舜的贤臣。后常借以喻称贤臣。长缨使句：即化用"长缨使"典故，该典出自《汉书》卷六四下《终军传》，比喻立志建功立业。鹓鹭句：即化用"鹓鹭"典故，该典出自《诗经·周颂·振鹭》：白鹭飞行有序，《诗经》中首以群鹭来比喻来朝诸侯容仪。后人进一步以鹓鹭二鸟之群飞有序来比喻朝官成行，或喻指同署僚友。

②湘累：典出《汉书》卷八七上《杨雄传》，系指屈原。"累"读"léi".

③九原可作：典出《国语》卷一四《晋语》，系指春秋时，晋卿赵文子（赵武）同叔向漫步于晋大夫九原墓地时，曾作过"死者若九原可作也"（死者若可复生）的假设。后世常用此典表示设想死者复生。

【词意】

著名作家、老领导李尔重同志与世长辞了。荆楚大地，白云低垂,深表哀悼。老领导早年参加革命,历经多个岗位,来到湖北工作,荆楚儿女将永远铭记老领导的功绩。特别是老领导无论是在繁重的革命工作中,还是退休以后,都以顽强的毅力笔耕不止,坚持不懈地从事文学创作,发表了很多文学著作,更是令人肃然起敬。

屈原与宋玉是《楚辞》的鼻祖。后人通过阅读《楚辞》,永远铭记着他们的英名。我们会像怀念屈原与宋玉那样怀念老领导,因为老领导那些不朽的文学著作,将是一座永远耸立在中华文坛上的丰碑。如果说人死后还能再世的话,我们真希望老领导能继续创作,为世人提供更多的精神食粮。尽管老领导的音容顿杳,但是,我们仍然希望能在梦中再见到老领导的音容笑貌啊!

鹧鸪天

冬访莫愁湖①

(2009年12月)

橘绿橙黄岁月殊,垂鞭老马踏归途。欣为世上行吟客,喜读人间种树书②。　　休怨水,莫愁湖,轻舟短棹煮屠苏③。临风把酒邀鸥鹭,踏破烟波筋骨舒。

【注:】

①莫愁湖:位于湖北省钟祥市,传说莫愁姑娘系钟祥人。
②种树书:参见第71页《鹧鸪天·赠退休同仁》注释。
③屠苏:酒名,即用屠苏草浸过的酒。

【词意】

初冬时节,绿色的橘子与黄色的橙子挂在树上,时光别有滋味。老马不用扬鞭,踏上归途。回首所走过的历程,欣然用诗词书写人生。如今又非常高兴地阅读那教人种树的书籍,又是一番情致。

在莫愁湖上,既不要拿逝水生怨,也不要对澄湖发愁。可荡起双桨,泛起轻舟,煮好屠苏美酒。把酒临风,邀请鸥鹭一同畅饮。此时此刻,等闲烟波,乘风破浪,深感身心愉快,筋骨格外舒畅。

鹧鸪天
再咏雪
(2010年元月)

不竞人间富贵花,银纱玉线自无瑕。冰心偏爱清身美,冷眼犹知霜处佳。　　披鹤氅①,抱琵琶,垂纶百尺泛渔槎。谢娘别后长相忆,把酒龙山听暮笳②。

【注:】

①披鹤氅:典出《晋书·王恭传》,其上有"尝披鹤氅裘,涉雪而行"之语,诗词中常作为咏雪的典故。

②谢娘:参见第9页《鹧鸪天·咏雪》注释。龙山:即逴龙山,典出《楚辞·大招》,传说为地处极北的寒山,鲍照有雪来自龙山的吟咏,后因作咏雪的典故。

【词意】

洁白的雪花,从来就不去竞争人间的富贵之花。它如同银纱玉线,洁白无瑕。一颗冰心特别偏爱洁身自好的美妙,一双冷眼更是知晓素净生涯的佳趣。

披着沾雪的外套,奏响清脆的琵琶,趁着雪天在湖面上泛舟垂钓,令人浮想联翩。当年才女谢道韫吟咏飞雪的名句,令人经常想起,回味无穷。但愿于傍晚时分,能在雪地龙山畅饮美酒,欣赏民族地区那悦耳动听的管弦乐器。

鹧 鸪 天
雪 天 会 故 人
（2010年元月）

披雪凭栏冷眼观，琼花有意落人间。银装素裹留踪迹，旧雨新朋竞酒仙①。　　天不夜，夜无眠，相逢邂逅问当前。老来若是回头望，须弃辛酸只忆甜。

【注：】
　　①旧雨：参见第20页《鹧鸪天·夜思》注释。

【词意】
　　依着栏杆，披着雪花，环顾四周，期待着新老朋友的到来。那洁白如玉的雪花，好像是有意代主人迎客一样，让往来的行人留下足迹。待到新老朋友把酒聚会的时候，大家像酒仙一样竞相开怀畅饮。
　　雪天明亮，不降夜幕，人也没有睡意。久别后的重逢，大家不由自主地问起各自当前的状况。对于老年人来说，若要回忆过去的话，最好只想那些愉快的往事，让它给自己带来欢乐，而不要回忆那些辛酸的往事，进而给自己增加不必要的烦恼。

鹧鸪天

漠河北极村旅怀

（2010年元月）

北极边关风似刀，千枝万叶赛冰雕。乾坤不夜羞灯火，天地无尘思寂寥。　　飞柳絮，剪鹅毛，疏狂踏雪任逍遥。难逢北国吟梁苑，赋得梨花寄九霄①。

【注:】

①吟梁苑：是指古人一个咏雪的故事，参见第68页《鹧鸪天·敬贺梁尚敏先生八十华诞》注释。梨花：即雪花，参见第92页《鹧鸪天·咏雪》注释。

【词意】

冬天的漠河北极村，边关的雪风像一把剪刀，剪裁出森林中的千枝万叶，让它们与展现千姿百态的冰雕竞赛。漫天皆白，到处都是不夜之天，让那些零星的灯火都显得含羞而渺小。遍地无尘，大气特别澄鲜，整个小兴安岭显得格外的寂静与空旷。

雪花如柳絮鹅毛，漫天飞舞。远方的游客，无拘无束、逍遥自在地在雪域森林中自由穿行。在有限的人生旅途上，有机会将北国作"梁苑"，欣赏与吟咏冰封雪飘，是多么难得啊！兴致之余，踏着皑皑白雪，填写一首咏雪的小词，寄向九霄云外。

鹧鸪天

次韵寄乐本金先生[①]

（2010年元月）

律转春回梦万重[②]，寒梅照眼雪消融。欲谋跃虎飞云碧，不忍牵牛落照红[③]。　　樽俎满，酒香浓，一天祝福九州同。烟花爆竹连宵汉，紫气传来玉笛风。

【注:】

①乐本金先生代表湖北省荆州区诗联学会的《鹧鸪天·虎年贺岁寄诗友》："跃过关山路几重？啸声起伏雪初融。三分柳色撩人醉，一点梅心破蕾红。　　诗影瘦，酒花浓，年年此际乐相同。等闲一试生花笔，袅袅卿云虎虎风。"

②律转春回：参见第77页《鹧鸪天·给京城湖北老乡拜年》注释。

③跃虎与牵牛：按照农历的说法，过去的2009年（己丑年）是牛年，迎来的2010年（庚寅年）是虎年。

【词意】

时光流转，气象更新，春天回来了。美好的春光往往又是催生梦想的季节。遍地的白雪已经融化，经过严霜洗礼的梅花，耀眼夺目，竞相绽放。迎来虎年，谋划未来，放眼碧云飞渡，一派生机。送别牛年，回首过去，凝思那红色的夕阳，令人依依不舍。

美酒佳肴，琳琅满目，新年的酒席格外丰盛，特别是那美酒的香味更是馥郁浓烈。烟花灿烂，爆竹震天，九洲大地到处都洋溢着新春的祝福。令人心旷神怡的祥瑞之气，又传来了一阵阵悦耳动听的玉笛声。

鹧鸪天

献给老领导①

（2010年元月）

玉虎金牛岁月新，相逢樽酒话灵椿②。柳营咏柳无须悔③，梅岭观梅总是春。　　花吐艳，树凝神，白云黄鹤聚知音。楚天不度阳关曲，千里仁风多故人④。

【注：】

①2010年元月22日（己丑年腊月初八），湖北省第十一届人大常委会党组书记周坚卫常务副主任率主任会议成员，宴请第十届人大常委会主任会议成员，受命填小词一首，敬祝各位老领导新春愉快，福寿康宁。

②玉虎金牛：按农历说法，己丑年（2009年）为牛年，新年庚寅年（2010年）为虎年。灵椿句：系化用宋冯道赠禹钧诗句："灵椿一树老，丹桂五枝芳。"喻父辈长寿，子女有为。

③柳营句：系化用典故"柳营"，该典出自《史记》卷五七《绛侯周勃世家》，该地是西汉周亚夫将军屯兵之处，亚夫治军有方，军纪严明，受到汉文帝的称赞。后世用此作为称赞将军治军有方的典故，这里引用指老领导为湖北的改革与发展所作出的重大贡献。梅岭：位于东湖宾馆，这里曾经是毛泽东同志生前来武汉居住的地方。

④阳关曲句：系化用"西出阳关"典故，该典出自唐王维《渭城曲》："劝君更饮一杯酒，西出阳关无故人。"千里仁风：典出《世说新语·言语》，袁宏字

彦伯,曾用"辄当奉扬仁风,慰彼黎庶"语回答太傅谢安。后用此典故喻地方官有善政。

【词意】

在这即将送别旧的一年(牛年),迎来新的一年(虎年)的美好时刻,我们与老领导欢聚一堂,共同祝愿老领导健康长寿、子女有为、万事胜意。老领导从政湖北,可比作西汉周亚夫将军治军柳营,成绩显著,无怨无悔。荆楚大地的改革与发展大业,如同梅岭观梅,年年春意盎然,必定会不断开创新的局面。

梅花吐艳,树木凝神,以"白云黄鹤"著称的荆楚大地,有"高山流水觅知音"的美丽传说,这里聚集着与老领导心相通、志相投、有情有义的人才。唐代诗人王维所描写的《阳关曲》,"劝君更饮一杯酒,西出阳关无故人",不会在荆楚大地发生。荆楚大地正仁风千里,政通人和,各地都有老领导的老部下或老同事,老领导可以像当年那样,尽情地在荆楚大地行走,继续检查指导工作。

鹧鸪天
回故里感怀
(2010年2月)

户户春联笑语哗，村村喜庆捣糍粑。新鲜农事腾金虎，古朴乡风鸣玉笳。　　腾紫气，绾红霞，心怡神定腊梅花。曾经三九无惆怅，犹送芬芳暖万家。

【词意】

春节期间，回到久别的故里，见到家家户户的大门上贴上了春联。男女老少笑语喧天，村村里里充满着喜庆的气象，人们忙碌着准备过年的糍粑。这些新鲜的农家事，将迎来新的虎年。这里有古朴的乡风民俗，到处传来民间乐器的吹奏声。

紫气腾飞，红霞万朵，那耀眼夺目的腊梅花，心地宽广，泰然自若。尽管腊梅花历经了三九严寒，但是，它们不但没有丝毫的伤感，还给人间带来浓郁的芳香，让千家万户感到格外的温暖。

鹧鸪天

庚寅新春寄语

（2010年2月）

青帝司春岁月匆，奔牛啸虎跃神龙①。观梅把酒身心暖，踏雪吟诗韵味浓。　　花似玉，絮如风，暮天开朗晚霞红。凝眸流水烟波渺，心有灵犀世事通②。

【注：】

①青帝：典出《史记》卷二八《封禅书》，又称春神。奔牛跃虎句：系指按农历计2009年为牛年，而2010年为虎年。

②世事通句：系化用唐代诗人李商隐"心有灵犀一点通"诗句。

【词意】

岁月匆匆，青帝这位司春之神又让春天回来了。旧的一年（牛年）即将过去，新的一年（虎年）正在走来。龙的传人，豪情满怀，辞旧迎新。一边欣赏梅花，一边畅饮美酒，感到身心无比温暖。一边踏着白雪，一边吟诵诗句，倍感此情此景韵味无穷。

雪花似玉一般洁白无暇，又如飞絮一般随风飞舞。傍晚的天色，一片晴朗，晚霞明亮彤红。举目远望，大江奔流，烟波浩渺。看到这一去不复返的流水，回味那无穷无尽的世事，似乎又有一种"心有灵犀一点通"的感觉。

鹧 鸪 天

瞻仰井冈山烈士陵园

（2010年3月）

遥忆硝烟岁月遐,忠魂无悔梦思家。寒松苍翠鸣青鸟①,热血鲜红唾黑鸦。　　含笑树②,杜鹃花,井冈山上望天涯。一园浩气连天地,星火燎原照物华。

【注:】
①青鸟句：系化用"青鸟传书"的传说。
②含笑树：井冈山上有"乐昌含笑"与"深山含笑"等树木。

【词意】
　　回首硝烟弥漫的岁月,已经离我们较为遥远。井岗山烈士无悔的英魂,在梦里思念着久别的家乡。寒松苍翠,烈士用鲜血唾骂那天下乌鸦一般黑的旧社会。青鸟争鸣,世上竞相传颂着烈士壮烈牺牲的英雄事迹。
　　深山含笑树,满坡杜鹃花,站在井岗山,极目望天涯。烈士陵园的浩然正气贯通着天地,连接着今昔。星星之火,已经燎原,正照耀着勃勃生机的世上风物。

鹧鸪天
参观崇武古城

（2010年3月）

往事非烟弹壁凉，曾经利炮一时狂。勿忘国耻披肝胆，须聚民心奔富强。　　当放眼，莫回肠，韬光养晦海天长。千帆竞渡鸣鸥鹭，直面惊涛向远方。

【注:】
①崇武古城：位于福建省泉州市惠安县境内。

【词意】
古城墙上的冰凉弹壁，记载着当年侵略者炮轰崇武的历史，曾经疯狂的炮火，也让我们深深地感到往事并非如烟。我们世代都不能忘记祖国的奇耻大辱，而需要以史为鉴，披肝沥胆，聚集民心，努力奋斗，实现祖国的繁荣富强。

今人牢记国耻，应当放开眼量，不能妄自菲薄。同时，还需要运用韬光养晦的智慧，去感悟沧海蓝天的辽阔远长。举目茫茫大海，正千帆竞渡，鸥鹭飞鸣，我们需要直面惊涛，乘风破浪，驶向胜利的彼岸。

鹧鸪天

再咏油菜

(2010 年 4 月)

碧野黄花满目春,枝头颜色一时新。千斤石碾消忧虑,三寸陶壶储梦魂。　　羞海味,愧山珍,相争于市染浮尘。吟怀何故嫌油菜?宁赋娇妍不赋贫。

【词意】

春天的田野,碧绿葱翠,黄花吐艳,春意盎然。油菜枝头的花色,给田野带来了新的生机与丰收的希望。把油菜籽加工成菜油,需要用千斤石碾将其粉碎,进而也好让它们放下许多忧虑。油菜籽加工成菜油后,进入千家万户,储存在三寸陶壶之中。其实,这里储藏的不只是菜油,而是油菜魂牵梦绕的思念。

无私奉献的油菜,常为山珍海味而感到羞愧,因为它们争名夺利于市,染上了许多陈念陋俗。然而,奈人寻味的是,为什么古往今来的许多诗人词客却嫌弃油菜,总是竞相吟咏那些娇妍的芬芳,而不去吟咏清贫的油菜花呢?

鹧 鸪 天

祝襄樊一中荣膺"省示范高中"

（2010 年 4 月）

荆楚多才天下闻，百年老校育新人。杏坛碧水滋苗壮，槐市丹心报捷频①。　桃李俏，学林馨，春华秋实谢东君②。须知金榜题名日，更应辛勤莫愧民。

【注:】

①杏坛与槐市：参见第 10 页《鹧鸪天·初到武工黄石分院》注释。

②东君：参见第 8 页《鹧鸪天·春山即兴》注释。

【词意】

荆楚大地，人才辈出，闻名天下。襄樊一中作为百年老校，为国家培养的人才如雨后春笋般层出不穷。老师的心血，滋润着莘莘学子茁壮成长。广大学生怀着赤胆忠心，不断给母校传来成功的捷报。

桃李天下芬芳，学校闻名遐迩，如此春华秋实的大好局面，应由衷地感谢司春之神——东君的恩德啊！今天，学校荣膺"省示范高中"，但必须知道，成功来之不易，在这喜登龙门的日子里，为了不辜负人民的希望，师生们更应不须扬鞭自奋蹄，用辛勤耕耘的成果创造新的辉煌。

鹧鸪天

祝张菊水教授自传问世[①]

(2010年5月)

七十春秋岁月忙，抒怀彩笔谱华章。情融沧海天连水，心系青龙菊吐芳[②]。　师有道，学无疆，鸿图舒展慨而慷。相逢知己同休戚，回首难忘运甓郎[③]。

【注：】

①张菊水先生毕业于清华大学，系黄石高等专科学校（现为黄石理工学院）教授，曾担任该校教务处处长等职务，作者与之并肩奋斗十二年。

②青龙：即黄石理工学院（原黄石高等专科学校）所在地青龙山。

③运甓：典出晋裴启《语林》："陶太尉（侃）既作广州，优游无事。常朝运甓（砖）于斋外，暮运甓于斋内。人问之，陶曰：'吾方致力中原，恐为尔优游，不复堪事。'"喻指因立志建功立业而勤勉自励。

【词意】

七十年来，张菊水教授一生都在为事业奔波忙碌。今天，适逢古稀之年，又挥动彩笔，出版了个人传记，谱写着精彩人生的难忘篇章。张教授一生立足本职，胸怀天下，情系育人，为了青龙山下的地方高等教育事业，呕心沥血，闻名校园内外。

作为教师，崇尚师道，诲人不倦；作为学人，勤勉钻研，笔耕不止，并不断创新自身的发展目标，让鸿图舒展，努力实现人生的自我价值。作为同事与朋友，为能与之并肩战斗，休戚与共而深感荣幸。回首往事，历历在目，始终难忘老朋友自强不息的"运甓郎"精神。

鹧鸪天

读《当代老年》①

（2010年5月）

玉液疏狂问老夫，妪翁何事得宽余？青衣戴月知寒暑②，白发观云悟有无。　心里话，手中书，源头活水润清渠③。互传福寿康宁道，一卷犹如太极图。

【注：】

①《当代老年》：系由湖北省老干局主办的一份全国性刊物。

②青衣：参见第127页《鹧鸪天·感悟人生》注释。

③源头活水句：系化用南宋朱熹《观书有感》中的两句诗："问渠哪得清如许？惟有源头活水来"，借水之清澈，是因为有源头活水不断注入。暗喻要想心灵澄明，就得认真读书，时时补充新知识。

【词意】

一位老夫带着几份酒后的疏狂发问，何事让那些老大爷与老大娘这么惬意呢？这是因为，布衣百姓披星戴月，最知道世上寒暑的变化。白发老者观察云天，也能够悟透有与无的真谛。

当代老年人的心里话，都反映在《当代老年》这本杂志中。"问渠哪得清如许？惟有源头活水来。"《当代老年》这本杂志正好比那源头活水，滋润着广大老年读者的心田。杂志的作者与读者之间，经常在相互传递"幸福、长寿、健康、安宁"的修身养性经验。从这个意义上讲，看到《当代老年》这本杂志，会不由自主地想到作为道教象征的太极图，彼此之间都能从中仔细体会道教的养生之道。

鹧鸪天

贺诗坛"大会"①

(2010年5月)

陆海潘江浪迹遥,唐风宋月涌新潮②。激扬笔下千秋梦,砥砺胸中万古刀。　牛渚咏,虎溪咆,一囊诗稿唱今朝③。白云黄鹤兴三叹④,翠竹青松向九霄。

【注:】

①贺诗坛大会,系指祝贺华中科技大学瑜珈诗社成立二十周年暨国学研究院中华诗词研究中心成立大会。

②陆海潘江:参见第114页《鹧鸪天·次韵赠何联华教授》注释。唐风宋月:泛指唐诗宋词。

③牛渚咏:典出《晋书·袁宏传》,谢尚时镇牛渚,听袁宏朗诵其咏史之作,后借此称颂咏者有才。虎溪咆:典出晋·佚名《莲社高贤传·百二十三人传》,虎溪位于江西庐山下,相传陶渊明与僧人往来于此,常听见老虎的咆哮声。

④三叹:古有"一倡三叹"语,典出《荀子·礼论》,借以指相互唱和,并称美诗文婉转而有余味。

【词意】

古代诗坛关于"陆才如海,潘才如江"的传说,虽然已经远远地逝去,但由"唐风宋月"所代表的古典诗词却又掀起了新的浪潮。借着格律诗词的韵味,可以让笔下激扬那千秋梦想,也可以尽情地砥砺胸中那把万古流传的宝刀。

古代,袁宏曾经在牛渚吟诵,陶渊明也与僧人在虎溪交流。今天,我们却让那些古调焕发出新的声音,歌唱当今美好的时光。素有"白云黄鹤"之称的荆楚大地,正在兴起相互唱和之风,犹如青松翠竹,意气直贯云霄。

鹧鸪天

游崇明岛东滩湿地公园

（2010年6月）

泽国晴光芦苇风，白云碧野睡莲红。小桥流水花枝俏，大地飞莺草木葱。　　生态里，画图中，天人合一梦魂通。不知美岛谁裁出？万里长江岁月功①。

【注：】

①岁月功句：崇明岛为河口冲积岛，位于长江出海口，素有"长江门户，东海瀛洲"之称。也就是说，美丽的崇明岛是万里长江的泥沙，经入海口后，流速减缓，进而在漫长的岁月中沉淀形成的。

【词意】

东滩湿地公园，水网纵横，遍地芦苇迎风起舞。白云、碧野、红莲尽收眼底。小桥流水澄鲜，花枝迎风招展。大地葱茏飞莺，一派生机景象。

优美的生态环境，犹如一卷美丽的画卷。这里，天人合一，身临其境，如梦如痴。真不知道这美丽的崇明岛是怎么形成的？原来是万里长江那一泻千里的泥沙，随着岁月的流逝，在这里创造了丰功伟绩。

鹧鸪天

咏端午节

（2010 年 6 月）

不朽诗篇皆有神，汨罗江上啸灵均①。龙舟竞渡思辞祖②，粽子飘香慕圣人。　　骑白鹤，驾青云，千秋万代祭忠魂。浊清醒醉洪钟响③，天下何方不识君？

【注:】

①灵均：参见第 125 页《鹧鸪天·咏柑橘》注释。

②辞祖：屈原是《楚辞》的开创者，故称辞祖。

③浊清醒醉句：屈原《渔父》："举世皆浊我独清，众人皆醉我独醒，是以见放！"

【词意】

屈原创作的不朽诗篇，每一篇都充满着神奇。当年的农历五月初五，屈原自沉汨罗江，其实是诗人最后无声的长啸。千百年来端午节的有形载体——划龙舟与吃粽子，其内涵就是弘扬屈原精神。龙舟竞渡，犹如是在追思辞祖；粽子飘香，好像是在仰慕圣人。

人们祭祀屈原，屈原精神永存。他正骑着白鹤，驾着青云，为人间祈福避祸。屈原关于"举世皆浊我独清，众人皆醉我独醒"的铿锵之声，像洪钟一样世代鸣响。普天之下的每一个中国人，都为屈原的崇高人格与求索精神所感动，并永远激励着中华民族一往无前。

鹧鸪天

读李白"将船买酒"诗[①]
（2010年6月）

李白乘流踏浪尖，松滋美酒赋诗仙。壮怀万里吟佳句，老窖千年酿玉泉。　　红藕岸，白云边，唐风宋月醉华年[②]。相逢意气邀君饮，把盏临风对九天。

【注：】

①李白"将船买酒"诗，系指李白《陪族叔刑部侍郎晔及中书贾舍人至游洞庭五首》中的第二首，是李白夜泊湖口（今湖北省松滋市境内）所写的著名诗篇："南湖秋水夜无烟，耐可乘流直上天。且就洞庭赊月色，将船买酒白云边。"从此，松滋美酒传遍神州。

②唐风宋月：参见第146页《鹧鸪天·贺诗坛"大会"》注释。

【词意】

著名诗人李白乘舟远航，夜泊湖口，畅饮松滋美酒，引得诗兴大发。酒仙满怀万里豪情，欣然写下了脍炙人口的诗篇。而松滋的千年老窖，酿造出的玉液美酒，更是因名人而名扬天下。

凝眸红莲鲜艳，白云悠然，吟诵着李白当年"将船买酒"的著名诗篇，令人陶醉于美好年华。邀来朋友相逢，大家意气风发，开怀畅饮。对着苍天，展望未来，更催人把酒临风，去直面新的挑战，创造新的生活。

鹧鸪天

晚年憧憬

（2010年7月）

漫步斜阳听暮笳，老来诗酒付年华。回眸一路云犹淡，憧憬三山景更佳①。　　风有韵，浪无嗟，闲来拄杖走泥沙。波涛不是无情水，总对苍天绽玉花。

【注:】

①三山：参见第116页《鹧鸪天·访僧友》注释。

【词意】

傍晚时分，一边沐浴着夕阳的光辉散步，一边欣赏悦耳的管弦音乐。人到老年，可以通过饮酒赋诗，来享受美好的时光。回眸忆起往事，一路上云淡风清。举头展望未来，想到"三山"仙境，相信景色会比过去更加宜人。

海风多有韵味，浪花也逍遥自在，趁着闲暇时间拄着拐杖在沙滩上行走，更是别有一番滋味。海面上的万顷波涛，并不是无情之水，正好相反，它们总是怀着无限深情，对着蓝天碧云，绽放着白玉般的浪花。

鹧鸪天

咏"感动身边"①

（2010年7月）

闻得身边兰蕙香，平凡无价费思量。小私有界崇三德②，大爱无疆达四方。　　闻一事，泪千行，感天动地倚寻常。握瑜怀瑾情真切③，不竞风流着淡妆。

【注：】

①"感动身边"系一个电视节目，主要报导身边普通人不平凡的故事。

②三德：典出《孟子·万章下》，指三种品德，常泛指美德。

③握瑜怀瑾：典出屈原《九章·怀沙》："怀瑾握瑜兮，穷不知所示。""瑾"与"瑜"，均指美玉，比喻人具有纯洁无瑕的品德。

【词意】

观看"感动身边"这一电视栏目，犹如闻到身边一缕淡雅的兰草香味。这些看似平凡的"小事"，却蕴涵着不可估量的社会价值，并发人深省。一个人不可能一点私心都没有，但一己之私必须遵从社会公德。只有那种对全社会的"大爱"才是伟大的爱。大爱没有边界，而惠及四面八方。

听到关于大爱的故事，让人感动得热泪盈眶。特别是这些感动天地的事情，还不是一时一事的冲动，而是孕育于寻常与永恒之中。这些身边的故事所包含的真情，如同洁白的美玉，它们从不计较个人的名利得失，总习惯于过着普通人的生活。

鹧鸪天

泛舟即事

（2010年7月）

借得方舟引兴长，凝眸万顷碧荷香。千重热浪催新汗，一片冰心寄故乡①。　　晨雾暑，夜风凉，黄昏来雨劝斜阳。为何莫道桑榆晚②？可用流霞换霁光。

【注：】
①一片冰心句：参见第53页《鹧鸪天·老来酒怀》注释。
②桑榆晚句：参见第97页《鹧鸪天·暮色寄思》注释。

【词意】
　　在莲湖上，乘坐一叶方舟，使人顿生游情雅趣。举目一望，万顷莲荷，碧绿飘香。尽管一阵热浪让人汗流浃背，但仍然怀揣一片冰心，思念着故乡的人和事。
　　夏日的晨雾就很热，但由于黄昏时分来了一场阵雨，所以夜晚的风却很凉爽。这场暮雨似乎是在规劝夕阳，为什么要热衷于"莫道桑榆晚，为霞尚满天"呢？如果用流霞换来消暑的阵雨与雨霁放晴的月光不是更好吗！

鹧鸪天

漫 兴

(2010年7月)

感悟苍天造化功,两仪四象梦魂通①。若无春景千重碧,哪有秋光万点红。　从盛夏,到霜冬,星移斗转月流空。暑时举步莲花渚,寒日垂询不老松。

【注:】

①两仪四象:《易经》:"易有太极,始生两仪,两仪生四象,四象生八卦。"其中,"两仪"可理解为是"天与地"或"阴与阳";"四象"可理解为是"春、夏、秋、冬"四季。

【词意】

仔细品味大自然造就世间万物的功勋,似乎在天地阴阳、春夏秋冬之间,它们的梦境与灵魂也是相通的。请看,如果没有春天层林的枝繁叶茂、郁郁葱葱,哪会有秋天景色的万点红叶呢?

从酷热的夏天,到严寒的冬天,时光流转,四季往返,每一个季节都有相应的气象。夏天高温,可以在莲花盛开处漫步纳凉。冬天寒冷,则可以在冰天雪地中仔细感悟那不老的苍松。

鹧鸪天

庆祝黄石市建市六十周年

(2010 年 8 月)

矿冶名城意气豪,星移物换竞攀高。黄金山下商旗展①,碧玉波中柳影摇。　　黄石港,石灰窑,大江东去唱今朝。仁风千里闻三楚,佳政鸣琴动九霄②。

【注:】

①黄金山句:系指黄石市正在重点推进的"黄金山开发区"。

②仁风千里:参见第 136 页《鹧鸪天·献给老领导》注释。三楚:古代湖北属楚国,故习惯上又有"三楚"之称。佳政鸣琴:典出《吕氏春秋·察贤》:"宓子贱治单父,弹鸣琴,身不下堂而单父治。"咏官员善于管理。

【词意】

黄石市是一座以矿冶文化而闻名的新城。它随着时代的步伐一路走来,意气风发,日新月异,不断开创新的局面。黄金山开发区商旗招展,呈现一派生机勃勃的繁荣景象。黄石山青水秀,湖水碧波荡漾,杨柳丝绦凝碧,其疏影在清波中随风起舞。

黄石港与石灰窑是新城黄石的代表。六十年来,这里以大江东去的磅礴之势,不断创造今天新的辉煌。当今黄石,政通人和,欣欣向荣,闻名三楚。如同"佳政鸣琴"的故事那样,黄石市领导廉政、勤政、善政的优良政风,气冲九霄,正带领着黄石儿女勇往直前。

鹧鸪天
三伏即事
（2010年8月）

野外骄阳似火烘，堂前消暑送凉风。寻思白领空调下，应念苍生烈日中。　　非贵贱，是分工，人生感悟荡心胸。须知汗水磨长剑，可斩妖魔取蛀虫。

【词意】

三伏时节的野外，太阳似火一样烘烤着大地。而在设有空调的室内，却有阵阵凉风为人们消暑。相信在空调底下办公的官员们，能够想到在烈日酷暑下工作的黎民百姓。

人只有分工的不同，而没有贵贱之分。对于官员来说，将这些基本的人生问题感悟明白，则会净化自身的心灵。必须知道，老百姓的汗水能把监督的利剑磨得锋利，将那些形形色色的妖魔鬼怪斩断，将那些五颜六色的贪官污吏挖出。

鹧鸪天

中秋还乡

（2010年10月）

凝目田庐不转睛，一轮圆月脸边明。梦随芳草萋萋远，思入闲云冉冉升。　　临短日，歇长亭，等闲风雨等闲晴。无须惆怅枫林染，淡泊人生乐似僧。

【词意】

　　中秋时节回到家乡，凝眸故居，往事历历在目，思绪万千。一轮圆月照亮了布满沧桑的脸颊，骤然间，人生如梦的感觉油然而生，犹如那绵绵密密的芳草，一直连接着那遥远的地方。不尽的情思如同悠闲飘忽的云朵，渐渐浮上心头，更加令人浮想联翩。

　　随着秋深冬至，渐渐日短夜长。在回归的途中，歇息在长亭短亭上，无论是风急雨骤，还是风和日丽，都要坦然面对。秋林枫叶被霜风染红，可千万不要望木兴叹。对于崇尚淡泊的人来说，苦行僧的生活方式就是他最大的快乐。

鹧鸪天
浩然故里寄诗坛
（2010年10月）

汉水悠悠润鹿门，浩然长啸韵怡神①。疏狂问月骑黄鹤，飘逸乘流披白云。　　吟古调，励今人，苏豪孟淡尽忠仁②。九州画意生诗意，四海诗魂壮国魂。

【注：】

①鹿门：位于湖北省襄樊市襄阳区境内，是唐代著名诗人孟浩然的故里。

②苏豪孟淡："苏"系指宋代词人苏轼、苏东坡。"孟"系指唐代诗人孟浩然。

【词意】

悠悠汉水，源远流长，千百年来滋润着唐代著名诗人孟浩然的故里——鹿门。一点浩然气，万里快哉风。古今诗人开怀吟咏，言情言志令人心旷神怡。有时诗人疏狂豪放，梦想骑着黄鹤，向明月发问；有时诗人飘逸萧洒，幻想披着白云，乘着急流前进。

吟咏古典诗词，激励当代人民。无论是像宋代词人苏东坡那样豪放的词情，还是像唐代田园诗人孟浩然那样淡雅的诗风，中华诗坛自古以来都崇尚忠心报国，仁义待人。九州大地的美好风光，历来都滋润着诗情词意。天下诗人词客诗情词意中的精髓，永远闪烁着伟大的爱国主义情怀。

图书在版编目（CIP）数据

《流光情寄鹧鸪天》：试将古韵今声一笔吟/罗辉 著．—北京：文化艺术出版社，2011.1
ISBN 978-7-5039-4765-0
Ⅰ.①流… Ⅱ.①罗… Ⅲ.①诗词格律-文学研究-中国 Ⅳ.①I207.21

中国版本图书馆CIP数据核字（2011）第005063号

《流光情寄鹧鸪天》：试将古韵今声一笔吟

著　者	罗　辉
责任编辑	周进生
出版发行	文化艺术出版社
地　址	北京市东城区东四八条52号　100007
网　址	www.whyscbs.com
电子邮箱	whysbooks@263.net
电　话	（010）84057666（总编室）　84057667（办公室）
	（010）84057691—84057699（发行部）
传　真	（010）84057660（总编室）　84057670（办公室）
	（010）84057690（发行部）
经　销	新华书店
印　刷	北京合众伟业印刷有限公司
版　次	2011年2月第1版
印　次	2011年2月第1次印刷
印　张	11.5
开　本	720×980毫米　1/16
书　号	ISBN 978-7-5039-4765-0
定　价	20.00元

版权所有，侵权必究。如有印装错误，随时调换。